Wenn Paare auseinandergehen
Trennung ohne Verlierer

Wenn Paare auseinandergehen

Trennung ohne Verlierer

Von Franz Bossek

humboldt

Lebenshilfe & Psychologie

humboldt-Taschenbuch 1096

Der Autor:
Franz Bossek ist Dipl. Sozialpädagoge (FH). Er hat eine Zusatzausbildung zum Familientherapeuten und verfügt über eine langjährige Erfahrung als Bildungsreferent. Der vorliegende Band basiert zum Teil auf seiner Diplomarbeit zum Thema Mediation, zum Teil auf zahlreichen praktischen Erfahrungen in Mediationssitzungen.

Meiner Frau *P*

Umwelthinweis: gedruckt auf chlorfrei gebleichtem Papier

Umschlaggestaltung: Wolf Brannasky, München
Umschlagfoto vorn: Image Bank
Umschlagfoto hinten: Fotostudio Peter Bornemann, München

Druck: Presse-Druck Augsburg
Printed in Germany
ISBN 3-581-67096-8

1 * 97

Inhalt

Ein Wort zuvor

Auf der Schwelle ins dritte Jahrtausend befindet sich unsere Gesellschaft in einer gewaltigen Umbruchsituation. Die Arbeitswelt, unsere Kommunikationsformen, das soziale Sicherungssystem, das Konsumverhalten und die Aus- und Weiterbildung – um nur einige Bereiche zu nennen – werden sich in sehr naher Zukunft in einer völlig umstrukturierten Form zeigen.

Der private Bereich bleibt davon nicht unberührt. Wir können uns relativ frei entscheiden, bewegen und handeln. Wir leben in Familien, Wohngemeinschaften oder alleine. Wir haben »Lebensabschnittspartner« und bewegen uns in unterschiedlichen Freundeskreisen. Liebesbeziehungen entstehen und lösen sich wieder auf, dabei ist der Wunsch nach Kontinuität und Geborgenheit im Grunde unseres Herzens unverändert vorhanden.

Die Trennung und Scheidung ist eine der belastendsten Situationen im Leben eines Menschen, egal, ob man einen Trauschein hat oder nicht. Entsprechend energiegeladen vollzieht sich bei vielen Paaren die Auflösung der Beziehung. Andere Paare trennen sich ohne Aussprache und tragen die Konflikte oft viele Jahre in sich und in ihre nächste Beziehung.

Wer in einer Trennungssituation ist, stellt sich vielleicht die Frage, was er falsch gemacht hat. Man will eigentlich ohne Schaden aus der Beziehung gehen und weiß – nach all dem Vorgefallenen – nicht, wie das gehen kann. Der Wunsch, es nun und in Zukunft »richtig« zu machen, kann von vielen Menschen nicht umgesetzt werden. Es dominiert die Ohnmacht, die eine Trennungssituation mit sich führt, und Lösungsmöglichkeiten sind meist unbekannt.

Dieses Buch erläutert einen möglichen Lösungsweg bei Trennungs- und Scheidungskonflikten: es ist der Weg der Mediation.

Wie Ihnen dieser Ratgeber weiterhilft:

Reflektionshilfe

- Die eigene Situation erkennen und einordnen können.
- Das Verhalten der Kinder und des Partners auf das eigene Verhalten beziehen.
- Das Leben in die Hand nehmen und eine Basis für die eigene Zukunft schaffen.

Dies sind wesentliche Aufgaben, die vor allem im Trennungsprozeß hohe Priorität haben und unter anderem in den Kapiteln »Die Psychologie der Trennung« oder »Kinder, Frauen und Männer in Trennungs- und Scheidungssituationen« behandelt werden.

Informationen zur Mediation

Die Methode der Mediation wird ausführlich dargestellt. Sie erfahren in den Kapiteln »Was ist Mediation?« und »Wer ist der Mediator?« alles, was Sie wissen müssen, um sich für die Durchführung eines Mediationsverfahrens entscheiden und vorbereiten zu können.

Entscheidungshilfe

Die Trennung ist ein Neuanfang. Wie Sie sich trennen, so beginnen Sie auch einen neuen Lebensabschnitt. Sie benötigen viele Informationen über die unterschiedlichen Beratungsangebote. Sie erhalten Entscheidungshilfen über den Weg der Trennung und Scheidung im Kapitel »Das gegenwärtige Trennungs- und Scheidungsverhalten«. Wertvolle Informationen über die unterschiedlichen Merkmale sämtlicher gängiger Beratungsmöglichkeiten mit einem Mediationsangebot werden Ihnen mit dem Kapitel »Beratungsstellen im Vergleich« bei der Wahl der Beratungsstelle hilfreich sein.

Wegbegleiter im Mediationsprozeß

Paare, die sich für eine Mediation entschieden haben, erfahren im Kapitel »Das Mediationsverfahren«, wie die Mediation ganz konkret in allen Schritten und Verhandlungspunkten ablaufen kann. Sie erhalten zahlreiche Checklisten und Tabellen, die Sie direkt aus dem Buch fotokopieren und als Arbeitsunterlagen verwenden können. Die aus der Praxis stammenden Fallbeispiele veranschaulichen mögliche Vereinbarungen eindrücklich. Dieses Kapitel kann prozeßbegleitend zur Straffung der Verhandlungen eingesetzt werden. Vielleicht gelingt es ja dem einen oder anderen Paar, mit einer Art »Eigenmediation« das Verfahren anhand des Buches weitgehend selbst durchzuführen.

Die Psychologie der Trennung

Der Entschluß, sich von seinem Lebenspartner, seiner -partnerin zu trennen, ist immer mit starken Emotionen verbunden. Wut, Haß, Trauer, Versagens- und Existenzängste sind nur einige Gefühle, die Sie in solch einer Lebenssituation begleiten können.

Schließlich haben Sie für den Menschen, den Sie jetzt verlassen, in früherer Zeit Liebe und Zuneigung empfunden. Der Wunsch nach einer ewig dauernden Beziehung, nach Glück und Geborgenheit schien mit diesem Menschen möglich zu sein.

Anfängliche Meinungsverschiedenheiten, Konflikte und unterschiedliche Lebensgewohnheiten haben sich nicht in ein harmonisches Miteinander gewandelt, sondern haben Sie sich vielmehr von Ihrem Partner entfernen lassen. Viele Versöhnungsversuche sind immer wieder gescheitert, und jetzt sehen Sie keinen anderen Ausweg als die Trennung und den Versuch eines Neuanfangs.

Wie ist es so weit gekommen? Was haben Sie falsch gemacht? Selbstzweifel lassen Sie an manchen Tagen den Glauben an Ihrer Beziehungsfähigkeit verlieren. Und dann sind da vielleicht auch noch die Kinder. Wie sollen Sie es ihnen sagen? Wie wird die Verwandtschaft, wie werden die gemeinsamen Freunde reagieren?

Der Glaube, daß es doch noch gutgehen kann, schwindet von Tag zu Tag. Es wird immer deutlicher – Sie müssen diese Beziehung beenden, um wieder glücklich leben zu können.

In der nächsten Zeit werden Sie mit sehr vielen eher unangenehmen Angelegenheiten konfrontiert werden. Dieses Buch kann Sie und Ihren Partner dabei unterstützen, die richtigen Entscheidungen zu treffen.

Es ist ein Wegbegleiter durch den Prozeß der Trennung und Scheidung, der Sie zu den unterschiedlichsten Personengruppen und Institutionen führen wird. Je besser Sie auf diesem Gebiet

Bescheid wissen, um so mehr wird es Ihnen gelingen, Ihre Ohnmacht zu überwinden und als eigenverantwortlicher und moderner Mensch durch eine schwierige Zeit zu gehen.

Ein erster Schritt aus den Verstrickungen kann sein, dem Partner zu verzeihen. Sie werden an einem Punkt sein, wo Sie der Überzeugung sind, daß Sie Ihren Partner nicht mehr ändern können. Sie wünschen sich nur eine faire Trennung. Paare mit Kindern haben in der Regel ein noch stärkeres Interesse, daß die Trennung ohne einen Rosenkrieg stattfindet. Sie wissen, daß die Kinder sehr stark unter der Trennung ihrer Eltern leiden. Die Verletzungen sitzen oft sehr tief, so daß es nicht immer leicht ist, dem Partner zu verzeihen. Trotzdem ist es einen Versuch wert, da sich in Ihrem eigenen Interesse die Trennung über die Versöhnung wesentlich positiver auswirkt, als eine Trennung in gegenseitiger Schuldzuschreibung.

Teufelskreise im Beziehungsalltag

Psychologische Fachliteratur und Ratgeber befassen sich mit Beziehungskonflikten in Hülle und Fülle. Kaum eine Seifenoper im Fernsehen oder ein Kinofilm, der sie nicht zum Inhalt hat. An dieser Stelle sei ein kurzer Abriß fünf unterschiedlicher »Teufelskreise« des Beziehungsalltags skizziert. Die renommierten Kommunikationspsychologen Thomann und Schulz von Thun haben in eindrucksvoller Weise erforscht, daß es im täglichen Miteinander immer wieder zu typischen Ursache-Wirkung-Kreisläufen kommt, die das Verhalten und Handeln des Paares bestimmen.

Wahrscheinlich finden Sie sich ja im einen oder anderen Teufelskreis wieder. Vielleicht nicht uneingeschränkt, vielleicht nicht zu 100 Prozent. Es kann jedoch sehr hilfreich sein, zu erkennen, daß das Verhalten eines Partners fast immer die Kehrseite des Verhaltens des anderen Partners zu sein scheint.

Der Nähe-Distanz-Teufelskreis

Der Distanz-Partner ist wortkarg und wenig kontaktfreudig. Er deckt sich mit Arbeit und sonstigen Verpflichtungen ein und verhält sich dem Partner gegenüber eher abweisend oder verletzend. Der Nähe-Partner fühlt sich durch das Verhalten seines Distanz-Partners abgelehnt, verletzt und verlassen. Er wird depressiv oder aggressiv und leidet unter einem niederen Selbstwertgefühl. Er verhält sich stark auf den Partner ausgerichtet, will Klärung, klagt an und wirbt um den Partner. Dadurch fühlt sich der Distanz-Partner verfolgt, eingeengt und genervt. Er zieht sich weiter zurück, ist wortkarg und wenig kontaktfreudig.

Nun ist der Kreis geschlossen, Ursache und Wirkung sind aufgehoben. Es kann durchaus vorkommen, daß in einer Beziehung die Rollen wechseln. Zieht sich beispielsweise der Nähe-Partner aufgrund starker psychischer Verletzheit zurück, kommt es in der Regel dazu, daß der Distanz-Partner plötzlich den Kontakt zum ehemaligen Nähe-Partner sucht. Die jeweilige Position des einzelnen ist somit auch das Ergebnis der Beziehungsdynamik und keineswegs nur persönlichkeitsabhängig. Der Rollentausch verhindert, daß es zu einem starken Konflikt kommt. Es herrscht wieder Gleichgewicht. Findet kein Rollentausch statt, kann es zur Eskalation kommen, wenn beispielsweise der Distanz-Partner aus der Beziehung ganz aussteigt, es demnach zur Trennung und Scheidung kommt.

Der hilflos-fürsorgliche Teufelskreis

Der hilflose Partner appelliert an den fürsorglichen Partner, ihm zu helfen und Schutz zu geben. Dieser fühlt sich demnach stark und bestätigt. Er kommt dem Appell nach und schreitet zur helfenden Tat. Der hilflose Partner fühlt sich somit in seiner Hilflosigkeit bestätigt und verhält sich künftig entsprechend. Festigt sich dieses Muster als andauernde statische Rollenverteilung, kann es zu einem Doppelkreislauf kommen. Der zweite Kreislauf tritt jedoch nur unterschwellig auf. Nach einiger Zeit wird sich unter der Bestätigung und Stärke des Helfers das Gefühl der Frustration und Wut ausbreiten, weil er ständig helfen muß. Die fürsorgliche Hilfestellung bekommt den Beigeschmack gereizter Ratschläge. Der hilflose Partner spürt dies und erlebt seine Abhängigkeit und Unterlegenheit, er fühlt sich gedemütigt und reagiert mit Trotz. Der Hilfeappell schlägt um in ein resigniertes:

»Hat ja alles nichts genutzt.« Die Problematik dieser Beziehungskonstellation ist ein Nichterkennen gegensätzlicher Eigenschaften der jeweiligen Partner. Während der helfende Partner eigene Bedürftigkeit und Schwäche leugnet, kann sich der Hilfesuchende nicht vorstellen, eigene Selbsthilfekräfte zu aktivieren und zu Autonomie und Verantwortung zu kommen.

Der »Kluge-Gans-dummer-Hahn«-Teufelskreis

Während auf der einen Seite der mächtige, wissende und Verantwortung tragende Partner ist, steht auf der anderen Seite der unwissende, schwärmerisch verehrende und bewundernde Partner. Das Paar befindet sich in einer symbiotischen Beziehung. Eigene nichtgelebte Anteile werden an den Partner delegiert. Die Dynamik kann dahin gehen, daß sich der »Star«, beziehungsweise die »kluge Gans«, von den Ehrungen des »dummen Hahns« bedrängt fühlt und sich zurückzieht. Die gegenseitigen Vorwürfe beziehen sich dann auf Rücksichtslosigkeit beziehungsweise Unterwürfigkeit.

Eine andere Variate könnte sein, daß beispielsweise der Mann beruflich erfolgreich und gesellschaftlich angesehen ist, die Frau einige Jahre jünger ist und sich noch in Ausbildung befindet. Hier könnte es durchaus sein, daß die Stabilität der Beziehung ins Wanken gerät, wenn die Frau ihre Ausbildung (zum Beispiel Studium) abschließt und selbst die Karriereleiter betritt. Hier wird vor allem das Selbstwertgefühl des Mannes auf die Probe gestellt, da sich viele Männer nur mit der scheinbaren Unterlegenheit ihrer Lebenspartnerinnen in der Beziehung wohl fühlen.

Der Eifersucht-Untreue-Teufelskreis

Bei Eifersucht und Untreue äußert sich der Konflikt der Partner in Autonomiebestrebungen und Trennungsängsten. Die unausgesprochene Regel dieses Beziehungssystems könnte lauten, daß eine »echte Beziehung« nur verwirklicht ist, wenn eine intensive Verbundenheit der Partner vorherrscht. Während nun ein Partner versucht, sein Autonomiebedürfnis außerhalb der Beziehung auszuleben (zum Beispiel durch Fremdgehen), aktiviert er damit die Trennungsängste und Kontrollbestrebungen seines Partners. Das Verfolgen und Überwachen des einen Partners bestärkt den Wunsch nach Autonomie und Freiheit des anderen. Paare, die unter dieser Dynamik leiden, müssen einerseits lernen loszulassen, ohne Angst zu haben, verlassen zu werden, und andererseits Wege finden, auch in der Beziehung jedem einzelnen Partner Autonomie zu ermöglichen.

Verstärkende Wirkung erfährt dieser Teufelskreis, wenn beispielsweise aus einem »Seitensprung« ständig wechselnde Nebenbeziehungen entstehen. In den meisten Fällen »spürt« der Partner, daß es Nebenbeziehungen gibt, auch wenn es zu keiner offenen Aussprache kommt. Der »Betrogene« läßt dann seinen Partner zunächst »an der langen Leine«, in der Hoffnung, daß sich alles wieder einrenkt, und mit dem gefühlsmäßigen Wissen, daß der Nebenpartner die Ehebeziehung stabilisiert. Als klassisches Beispiel sei hier die Ehefrau genannt, die ihre nichtgelebte Sexualität an die Geliebte des Mannes delegiert, ohne sich dessen in dieser Klarheit bewußt zu sein. Der betrogene Partner baut sich gleichzeitig in seinen Leiden, Demütigungen und Verletzungen eine Art »moralisches Waffenarsenal« auf, welches bei einer Eskalation verschossen wird. In derartigen Ehekonflikten entscheidet oft nur noch die gesellschaftliche Stellung der Eheleute und der eventuelle Statusverlust, den eine Scheidung herbeiführen könnte, über den Erhalt der Ehe und der Beziehung.

Der Aktiv-passiv-Teufelskreis

Dieser Teufelskreis tritt in den verschiedensten Schattierungen auf und schwingt häufig bei anderen Teufelskreisen verstärkend mit.

Der aktive Partner trägt gern Verantwortung und erledigt alle anfallenden Arbeiten sofort. Der passive Partner hält sich mit Aktivitäten zurück und erscheint gefügig. Er fühlt sich übergangen und wirft dem aktiven Partner vor, alles an sich zu reißen. Dieser hingegen wirft dem passiven Partner Faulheit, Trägheit und Desinteresse vor.

Es gibt eine Vielzahl möglicher Teufelskreise, in die sich Paare verstricken können. Unter der Berücksichtigung der Herkunft und sonstigen sozialen, geographischen und kulturellen Rahmenbedingungen kann man zu dem Schluß kommen, daß jedes Paar individuelle Teufelskreise produzieren kann, die je nach Situation stabilisierend oder zerstörend auf die Beziehung wirken.

Trennungsgründe

Während die Teufelskreise Aufschluß darüber geben, welche Dynamik in Beziehungskonflikten steckt, gibt es eine Reihe von Trennungsgründen. Ein Trennungsgrund ist Ursache und verstärkendes Element des Teufelskreises. Sie werden sich vermutlich oft nach dem Grund fragen, warum Ihre Beziehung gescheitert ist. Mit dem Trennungsgrund ist die Frage verbunden, ob dieser Grund auch wirklich ein Trennungsgrund ist, oder ob Sie im einen oder anderen Fall die Beziehung vielleicht doch noch retten können. Es ist von Vorteil, wenn Sie einen »echten« Trennungsgrund erkennen können und wissen, wie Sie damit am besten umgehen können. Die Vielzahl möglicher Trennungsgründe kann in acht Hauptbereiche unterteilt werden. Die nun beschriebenen Trennungsgründe sind in der Regel für die Beziehung derart belastend, daß die Trennung meist die beste Lösung ist.

Krisenpotentiale durch zu große Unterschiede

Gegensätze haben ja den Ruf, daß sie sich anziehen. In der Tat gelingen viele Beziehungen mit sehr unterschiedlichen Partnern. Trotzdem schlummern in zu großen Unterschieden Krisenpotentiale für spätere Unzufriedenheit und Konflikte. So kann beispielsweise ein extrem älterer beziehungsweise jüngerer Partner zunächst durchaus sehr reizvoll sein. Wie wird es aber in zehn oder zwanzig Jahren aussehen? Wird das Paar dem Altersunterschied immer noch so unbeschwert begegnen wie jetzt? Oft schwingen bei zu großem Altersunterschied neben der Attraktivität und den sich verschiebenden Interessen auch unterschiedliche Weltanschauungen, Erfahrungen und Grundhaltungen mit.

Konflikte entstehen auch durch ein sehr ungleiches Bildungsniveau, ein entgegengesetztes Herkunftsmilieu oder extrem differierendes Vermögen. Fühlt sich ein Partner immer etwas unterlegen, minderwertig oder abhängig und bestärkt sein Partner dieses Gefühl durch sein Verhalten, ist die Ausbreitung von Frust und Unzufriedenheit naheliegend. Starke Unterschiede an derartigen Äußerlichkeiten führen nicht automatisch zu einem Konflikt mit Trennungsfolge; die Wahrscheinlichkeit, daß es irgendwann problematisch wird, ist jedoch sehr hoch.

Auch eine unterschiedliche Religion oder ethnische Gruppe kann zum Problem werden, insbesondere, wenn ein Partner seine diesbezüglichen Gewohnheiten sehr stark in sein Leben integriert hat und sein Partner nur wenig damit anfangen kann. Derartige Konflikte werden oft durch das soziale Umfeld der Partner verstärkt.

Die wichtigste Frage, die Sie sich bei einem zu großen Unterschied in einem der angesprochenen oder weiteren Punkte stellen sollten, ist die, inwieweit Sie mit Ihrem Partner alt werden wollen. Stellen Sie sich vor, wie es in zwanzig oder dreißig Jahren sein wird, wenn alles so bleibt, wie es jetzt ist. Je mehr Wenn und Aber Sie benötigen, um eindeutig sagen zu können, »ja – das ist gut vorstellbar«, um so höher ist die Wahrscheinlichkeit, daß die Trennung früher oder später kommen wird.

Ihr Partner ist süchtig

Die Anzahl der Menschen mit einer Suchtproblematik ist in den letzten Jahren stark angestiegen. Schwierig ist dabei immer die Definition und Abwägung, wann ein Mensch süchtig ist. Sie sollten versuchen, die Sucht Ihres Partners auch als ein Problem Ihrer Beziehung zu sehen. Oft machen wir uns, insbesondere beim Alkoholkonsum, sehr lange etwas vor. Alkohol ist allgegenwärtig, gesellschaftlich akzeptiert und in vielen Situationen fast schon ein Muß. In manchen Kreisen ist beispielsweise das Rauchen von Marihuana Usus. Der Konsum von Rauschmitteln hat ab einem gewissen Level immer eine vernebelnde, dumpfmachende oder völlig loslösende Wirkung. Ein Mensch im Rauschzustand ist demnach nie ganz da – egal, ob er nun auf einer Wolke sitzt, »abgetaucht« ist oder sich hinter Mauern aufhält. Neben Alkohol, Tabletten und anderen klassischen Drogen sind auch die Spielsucht, der Konsumrausch, die Fernsehsucht, verschiedenartige Eßstörungen, die Arbeitssucht und andere Süchte für eine Beziehung Gift. Sucht ist eine Krankheit mit den unterschiedlichsten Gesichtern – eine Krankheit, die geheilt werden kann. In der Regel ist dazu professionelle Hilfe nötig. In vielen Fällen entwickeln die Partner eines Suchtkranken ein Art Ko-Abhängigkeit. Die Abhängigkeit wird dann nach außen gedeckt und geschützt. Manche Partner entwickeln auch eine Parallelabhängigkeit. Entweder wird dann dieselbe Droge genommen, die der Partner konsumiert – um den Wunsch der Gemeinsamkeit zu erfüllen –, oder es wird eine andere Droge genommen – um die scheinbare Unabhängigkeit vom Partner zu demonstrieren.

Sie sollten die Suchtursache genau hinterfragen und auf professioneller Hilfe bestehen. Wenn Sie unter der Sucht Ihres Partners leiden und Ihr Partner nicht gewillt ist, die Sucht zu beenden, bleibt Ihnen letztendlich nur der Weg der Trennung.

Die Eifersucht

In der ersten Verliebtheit, im noch unsicheren und unvertrauten Zustand des Paares ist es ganz natürlich, wenn beide Partner hin und wieder das Gefühl der Eifersucht ergreift. Die Angst, den Partner zu verlieren oder ihm nicht zu genügen, ist zu Beginn einer Partnerschaft ganz normal. Nimmt die Eifersucht eines Partners jedoch eher zu, kehrt sich das Blatt. Übertriebene und vor allem unbegründete Eifersucht ist sehr belastend. Der beschuldigte Partner fühlt sich kontrolliert, eingeengt und mißverstanden. Die Eifersucht wird als beklemmend und einengend empfunden. Die Kontrollbestrebungen des eifersüchtigen Partners untergraben jedes Vertrauensverhältnis und zerstören die Basis einer Beziehung. Das Leben mit einem krankhaft eifersüchtigen Partner wird dann zur Qual, in manchen Fällen kann eine Paartherapie weiterhelfen, sehr oft führt das jedoch zu keiner Lösung.

Eine konfliktgeladene Beziehung, die scheinbar keine Eifersucht kennt, ist die »offene Zweierbeziehung«. Hier wird jeder Seitensprung toleriert und mit einem Seitensprung beantwortet, so daß das Fremdgehkonto in der Regel immer ausgeglichen bleibt. Paare in einer derartigen Beziehungskonstellation müssen sich den Vorwurf der Beliebigkeit und Austauschbarkeit gefallen lassen. Bei genauem Hinsehen sind derartige Paare jedoch nicht selten genauso eifersüchtig wie monogame Paare, sie leben ihr Problem nur anders aus.

In einer reifen Beziehung hat die übertriebene Eifersucht keinen Platz und schon gar keine Begründung. Die meisten Menschen sind in ihrem Naturell monogam. Bestrebungen, sich mit Nebenpartnern einzulassen, sind auf eine nichtintakte Beziehung zurückzuführen.

Haben Sie anhaltend mit dem Problem der Eifersucht zu kämpfen, ist dies ein relativ klares Anzeichen, daß diese Beziehung auf die Dauer keinen Bestand haben wird.

Ihr Partner – das ewige Kind

Hat Ihr Partner den 30. Geburtstag längst gefeiert und ist er nach wie vor auf der Suche nach irgendwas? Ist er finanziell unselbständig? Können Sie sich im Grunde nie auf ihn verlassen? Ist er stets unpünktlich? Schaut er immer anderen Frauen beziehungsweise Männern nach? Ruft er ständig bei Mama an?

Menschen, die weder in der Lage sind noch den Willen haben, erwachsen zu werden und für sich und andere Verantwortung zu übernehmen, sind oft sehr freundliche, ja angenehme Zeitgenossen. Hat man mit ihnen jedoch näher zu tun, wird der immer lustige Playboy, die immer kichernde Partymaus, das ewig spielende Riesenbaby, die unendlich konfuse Stehengebliebene auf die Dauer etwas anstrengend. Schafft es Ihr Partner nicht, trotz seines Alters, seiner beruflichen Stellung, gemeinsamer Kinder usw., konsequent Verantwortung zu übernehmen, kann dies sowohl an seiner Person und Geschichte liegen, wie auch Ausdruck Ihrer Beziehung sein. Versuchen Sie herauszufinden, inwieweit Ihr Verhalten sein Verhalten bedingt. Gehen Sie davon aus, daß Sie sein Verhalten kaum beeinflussen können, liegt der Schluß nahe, daß das Problem in Ihrem Partner begründet liegt. Vielleicht hat er irgendwann unbewußt beschlossen, daß er nicht erwachsen werden will. Beispielsweise bleiben erstaunlich viele Männer, die im Beruf ihren Mann stehen, in der Beziehung die immer kleinen Jungs oder halbstarken Teenager.

Grenzüberschreitungen

Unkontrollierte Wutausbrüche, Aggressivität bei Kleinigkeiten, feindseliges Verhalten in Alltagssituationen: Neigt Ihr Partner zu derartigem Verhalten, insbesondere gegen Sie, kann bereits von Grenzüberschreitungen gesprochen werden. Sie fühlen sich verletzt, grob und ungerecht behandelt. In der Anfangszeit haben Sie Ihrem Partner immer wieder verziehen. Mit der Zeit häuften sich jedoch die Vorfälle, bis es eines Tages sogar zu Tätlichkeiten kam.

Ein Mensch, der in gewissen Situationen zuschlägt, wird dies ohne therapeutische Hilfe immer wieder tun. Es hat keinen Sinn, darauf zu warten, daß der augenblickliche Streß vorbei ist und alles wieder gut wird. Sie sollten in solchen Fällen immer klare Grenzen setzen. Je massiver die Überschreitung, um so deutlicher müssen sie gesetzt werden. Während der unkontrollierte Wutausbruch verbal abgeschmettert werden sollte mit dem Hinweis, daß Sie keinen weiteren ertragen können, ist die Sachlage bei einer Tätlichkeit entscheidend anders. Eine Ohrfeige ist noch kein Trennungsgrund. Sie sollten jedoch unmißverständlich darlegen, daß Sie bei einer Wiederholung die Beziehung beenden werden. Eine Paartherapie kann bei leichten Fällen erfolgversprechend sein. Kommt es zu schweren Ausschreitungen oder gar zu sexuellem Mißbrauch, sollten Sie so schnell wie möglich die gemeinsame Wohnung verlassen. Weder übermäßiger Alkoholkonsum noch sonst ein Grund können eine derartige Grenzüberschreitung rechtfertigen – ziehen Sie die Konsequenz, sonst riskieren Sie eine Wiederholung!

Sexuelle Schwierigkeiten

Ein erfülltes sexuelles Liebesleben braucht Zeit. Wenn das anfängliche Strohfeuer verbrannt ist, zeigt sich, wieviel Potential für eine beständige Glut vorhanden ist. Das Paar lernt sich kennen, wächst langsam zusammen und entwickelt oft erst nach einem Jahr der Beziehung ein reifes Sexualleben.

Eine andere Ausgangslage haben Sie, wenn Sie von Beginn an das Gefühl haben, daß da was nicht stimmt. Auch die verlängerte Schonfrist ändert nichts daran, daß die sexuellen Bedürfnisse nicht auf einen harmonischen gemeinsamen Nenner kommen. Kommt eine Sexualtherapie für Sie nicht in Frage und bringen Sie Gespräche nicht weiter, liegt hier der Keim für eine latente Unzufriedenheit, die irgendwann zum Vorschein kommt und die Trennung mit sich bringen kann.

Die Merkmale sexueller Störungen sind vielseitig. Haben Sie ständig das Gefühl, daß Sie die Erwartungen Ihres Partners nicht erfüllen? Fühlen Sie sich sexuell benutzt und austauschbar? Respektiert Ihr Partner nie Ihre Bedürfnisse? Braucht Ihr Partner immer äußere Stimulatoren, wie Pornographie, Spezialwäsche oder sonstige »Hilfsmittel«, hat er sadistische oder masochistische Vorlieben? Geht die Vorstellung, wie oft Sie miteinander schlafen wollen, stark auseinander? Leidet Ihr Partner an Impotenz, Frigidität, Vaginismus oder einer sonstigen Störung, die das sexuelle Miteinander stark beeinträchtigt? Falls Sie mit einem oder mehreren Problemen dieser Art konfrontiert sind, sollten Sie vorsichtig sein. Sexuelle Schwierigkeiten sind eng mit Persönlichkeitsstörungen verbunden. Falls Sie darunter leiden und keine Besserung in Sicht ist, hat es wenig Sinn, auf eine Zeit nach der Störung zu warten. Ihr eigenes Selbstwertgefühl kann in Mitleidenschaft gezogen werden. Die Gefahr, daß auch Sie sexuelle Probleme bekommen, ist nicht auszuschließen. Die Sexualität ist ein wichtiger Indikator für die intakte Beziehung, in diesem Punkt zeigt sich am direktesten, ob etwas nicht stimmt. Hier entspringt sehr oft der konkrete Trennungswunsch.

Unterschiedliche Lebenskonzepte

Bei vielen Paaren ist scheinbar alles harmonisch. Sie haben keine auffälligen Unterschiede in ihrer sozialen Herkunft, sind nicht süchtig, kennen keine Probleme mit Eifersucht, Grenzüberschreitungen oder Sexualität, und trotzdem ist ihre Beziehung nicht sicher vorm Scheitern. Vor allem Paare, sie sich sehr früh in ihrem Leben kennenlernten oder Paare, die schon sehr lange zusammen sind und mehrere Lebensphasen miteinander durchgemacht haben, sind davon betroffen. Aber auch Paare, die sich sehr spät kennenlernten, sind oft mit dem Problem der unterschiedlichen Lebenskonzepte konfrontiert. Unser tägliches Handeln ist in der Regel mehr oder weniger zielgerichtet. Während ein Mensch sein Glück im beruflichen Erfolg mit Geld und Einfluß sieht, ist die Zielrichtung bei einem anderen Menschen ganz und gar auf Familie und Partnerschaft gerichtet. Andere Menschen sind rein konsum- und freizeitorientiert, leben für den Feierabend, das Wochenende und den nächsten Urlaub. Für wieder andere ist das Wichtigste die Bestätigung in der Gruppe. Dies kann in der Clique, im Verein oder bei einem Ehrenamt sein. Es gibt die unterschiedlichsten Lebensformen und Lebenskonzepte. Im Lauf eines Lebens verschieben sich normalerweise die Prioritäten. Leben Sie mit einem Menschen zusammen, dessen Lebenskonzept mit Ihrem nicht übereinstimmt, ist es problematisch. Ein Mann, der sich drei Kinder wünscht, wird mit einer Karrierefrau nicht glücklich werden. Eine Frau, die sehr häuslich veranlagt ist und das Gespräch mit ihrem Mann sucht, wird mit einem nach außen bezogenen Mann nicht glücklich werden, da er jeden Abend einen anderen wichtigen Termin wahrnehmen muß. Unterschiedliche Lebenskonzepte produzieren meist einen leidtragenden Partner. Wird sich dieser seiner Situation bewußt und hat er die Energie, sich aus der Dynamik zu befreien, wird die Beziehung vor allem dann auseinanderbrechen, wenn der andere Partner nicht bereit ist, sein Lebenskonzept entsprechend umzustellen und zu korrigieren. »Gemeinsam einsam« ist der kleinste gemeinsame Nenner dieses Dilemmas, unter dem sehr viele Paare leiden. Es gibt viele Auswege, Voraussetzung ist jedoch immer, daß beide Partner gemeinsam nach einem Ausweg suchen und beide aktiv an einer Verbesserung der Situation arbeiten. Allein können Sie das nicht schaffen.

Die Kinder sagen nein

Immer häufiger entstehen in unserer Zeit Teilfamilien mit nur einem Elternteil. Während es noch vor wenigen Jahrzehnten undenkbar war, daß sich ein Alleinerziehender mit minderjährigen Kindern auf eine neue Partnerschaft einläßt, ist dies heute gang und gäbe. Partner, die Kinder in eine Beziehung mitbringen, haben es immer etwas schwerer. Die Kinder neigen in der Regel zur Eifersucht, sie haben Angst, den einzigen Elternteil auch noch zu verlieren. Viele Kinder versuchen mit allen Mitteln, die Beziehung zu stören, ihre Mutter oder ihren Vater wieder ganz für sich allein zu haben. Sie sollten sich, Ihrem neuen Partner und den betroffenen Kindern Zeit geben, sich mit der neuen Lebenssituation anzufreunden. Gelingt es Ihnen nicht, eine Beziehung zu Ihrem Partner aufzubauen, in der nicht Sie, sondern die Kinder bestimmen, wie das gemeinsame Leben gestaltet wird, sollten Sie die Tragfähigkeit dieser Beziehung genau hinterfragen. Sie müssen als Paar entscheiden, welche Rolle die Kinder spielen. Sie sollten den Kindern klare Grenzen setzen, ohne sie zu vernachlässigen oder ihnen das Gefühl zu geben, daß sie jetzt nicht mehr wichtig sind. Kinder sind anpassungsfähiger, als wir denken. Ein Kind wird in der Regel erkennen, ob der neue Partner seinem Elternteil guttut, und sich entsprechend verhalten. Ein harmonisches Leben in einer Partnerschaft erfordert, daß der Partner die Nummer eins ist; kommt der Partner immer nach den Kindern, kann dies für die Beziehung der Anfang vom Ende sein.

Die Rolle der Kinder im Trennungskonflikt der Eltern

Kinder sind immer in die Teufelskreise und Trennungsgründe verstrickt, sie leiden darunter und reagieren mit den ihnen zur Verfügung stehenden Mitteln. Streitende Elternteile versuchen, die Kinder meist für ihre Seite und gegen den Partner zu gewinnen. Gleichzeitig erhalten die Kinder den unausgesprochenen Auftrag, zwischen den Eltern zu vermitteln und Frieden zu stiften. Die Kinder fungieren als Boten, über die die Eltern kommunizieren, und erhalten unbewußt die Funktion der Wächter des Familiengleichgewichts zwischen Erhalt und Auflösung.

Die Botschaften der Eltern haben dann doppelten Boden. Unter gewissen Umständen können Kinder symptomatisches Verhalten zeigen, wenn sie über längere Zeit mit einer Kommunikationsstruktur seitens der Eltern konfrontiert sind, die von zweideutigen Botschaften geprägt ist. Das Kind reagiert auf die widersprüchlichen Wünsche der Eltern, so gut es kann. Dabei spiegelt es die ungelösten Konflikte der Eltern wider und karikiert sie.

In der Regel wird das Verhalten des Kindes immer das Ziel verfolgen, die Beziehung der Eltern aufrechtzuerhalten. Das Kind erfährt dabei immer Frustrationen, egal, welchen Weg es auch einschlägt, da von ihm widersprüchliches Verhalten gefordert wird.

Als Folge dieses Dilemmas zeigt sich bei Kindern nicht selten ein auffälliges Verhalten oder eine Krankheit. Nun bekommt das Kind den Status des »identifizierten Patienten«.

Sämtliche offensichtlichen Interaktionen der Eltern kreisen dann um das Problem des Kindes. Es entlastet damit nicht nur die Spannung in der Beziehung seiner Eltern, sondern verringert auch den enormen Druck, unter dem das Kind aufgrund der elterlichen Erwartungen steht. Weder Eltern noch Kinder sind sich jedoch normalerweise derartiger Zusammenhänge bewußt.

Welche Bedeutung das Verhalten des Kindes hat, sollte nicht unterschätzt werden und kann gar nicht genug hervorgehoben werden. Als schwächstes Glied der Kette erleiden Kinder nicht nur bei der Trennung und Scheidung der Eltern sämtliche Emotionen in der Beziehung stets mit.

So kann die Hypothese aufgestellt werden, daß ein bettnässendes Kind mit diesem Symptom die Trauer und nichtgeweinten Tränen der Familie ausdrückt. Vielleicht hat es Sprüche wie: »Wir dürfen nicht traurig oder schwach sein« und »Ein Indianer kennt keinen Schmerz« verinnerlicht.

Ein weiteres Beispiel ist die schwere Krankheit oder der Unfall eines Kindes. Es könnte sich vermutlich in beiden Fällen sichersein, daß es die Eltern vereint am Krankenbett sieht, daß sich die Eltern gemeinsam sorgen und (endlich mal wieder) miteinander reden.

Auch die Straffälligkeit eines Jugendlichen kann unter diesen Gesichtspunkten gesehen werden. Hat es der Jugendliche beispielsweise erlebt, daß der Vater in Erziehungsfragen nur dann – mit starker Hand, einem Machtwort oder mit einer Moralpredigt – an der Erziehung teilnahm, wenn er etwas »angestellt« hatte, kann es dazu führen, daß der Junge im Lauf der Zeit immer Schwerwiegenderes »anstellen« muß, um die Aufmerksamkeit seines Vaters zu erhalten.

Eine Variation und Erweiterung dieses Beispiels kann sein, daß der Junge mit seinen Eskapaden im heimlichen (unbewußten) Auftrag seiner Mutter gegen die Regeln der Familie (des Vaters, der patriarchalen Gesellschaft) verstößt. Die Mutter wird durch die Koalition mit ihrem Sohn den Ehemann und Vater kritisieren. Der Junge wird mit seinem Verhalten in vielfacher Weise dazu beitragen, das familiäre und elterliche Gleichgewicht immer wiederherzustellen.

Sie sollten als Eltern in jedem Fall begreifen, daß es einen engen Zusammenhang zwischen dem Verhalten der Kinder und den Beziehungsschwierigkeiten gibt. Sehen Sie ihn nicht, kann es vorkommen, daß die Kinder chronische Symptomträger für den Erhalt der Familie werden. Sie verinnerlichen dann die Konflikte ihrer Eltern, und das führt zu unbefriedigenden eigenen Partnerschaften im Jugend- und Erwachsenenalter. Das erlebte und unverarbeitete Konfliktpotential tragen sie nun – mit einem geeigneten Partner – in ihre neue Familie.

Die Psychologie der Trennung hat gezeigt, wie Teufelskreise im Beziehungsalltag eine Dynamik bekommen, die die Ursache-Wirkung-Zusammenhänge auflöst und Schuldzuschreibungen relativiert. Die Trennungsgründe haben gezeigt, daß das Paar mit Problematiken konfrontiert werden kann, die die Trennung unumgänglich machen können. Die Rolle der Kinder im Trennungskonflikt sollte Sie dazu sensibilisieren, das Verhalten der Kinder auf Ihre Partnerschaft zu beziehen und entsprechend einzuordnen.

Es soll hier nicht das klassische Liebesideal in Abrede gestellt werden. Ohne eine romantische Grundeinstellung droht jede

Partnerschaft zu einer pragmatischen Versorgungsgemeinschaft zu werden.

Sehr oft gehen Menschen jedoch eine Beziehung ein, von der sie hoffen, daß sie sich in der Zukunft ändern, »bessern« wird, weil der Partner viel Gutes in sich trägt. Auf die Dauer frustriert dieses Warten aber. Was zählt, ist das, was jetzt ist, und nicht das, was werden kann!

Zum Thema Liebe abschließend ein paar Zeilen von der bekannten Therapeutin Virgina Satir:

»Liebe ist ein Gefühl. Sie kann nicht zum Gesetz erhoben werden. Entweder sie existiert oder nicht. Sie entsteht ohne jeden Grund. Damit sie fortbestehen kann, muß sie genährt werden. Liebe gleicht einem Samenkorn, dem es gelingt, zu keimen und seinen Kopf aus dem Boden zu strecken. Ohne geeignete Nahrung, ohne Licht und ohne Feuchtigkeit ist es dazu verurteilt zu sterben. Die liebevollen, fürsorglichen Gefühle der Zeit der Werbung können sich nur in der Ehe weiterentwickeln, wenn beiden Partnern klar ist, daß ihre Liebe Tag für Tag Nahrung braucht.«

Das gegenwärtige Trennungs- und Scheidungsverhalten

An dieser Stelle könnten mit einer Vielzahl von Statistiken viele Seiten gefüllt werden. In der Tat sind Statistiken oft hilfreich, sie relativieren ihre eigene Situation und helfen Ihnen damit in vielen Fällen, mit Ihrer Lage besser fertigzuwerden. Trotzdem ist jede Trennung und Scheidung vor allem auch ein individuelles Problem. Spürt man den eigenen Schmerz, ist es oft ein schwacher Trost zu wissen, daß im Augenblick 300 000 weitere Menschen in einer ähnlichen Situation sind. Trotzdem seien im folgenden einige relevante Zahlen angeführt.

In Deutschland wird gegenwärtig etwa jede dritte Ehe geschieden, in manchen Großstädten sogar jede zweite, in ländlichen Gegenden dagegen jede vierte Ehe. Was von der Scheidungsstatistik nicht erfaßt wird, sind Trennungen von Partnern, die in eheähnlicher Beziehungen leben, und faktische Trennungen verheirateter, aber nicht offiziell geschiedener Eheleute.

Das Scheidungs- bzw. Trennungsrisiko ist erhöht, wenn

- man in einer größeren Stadt lebt,
- beide Partner erwerbstätig und finanziell unabhängig sind,
- das Bildungsniveau und/oder der Verdienst der Frauen höher ist,
- die Partner protestantisch sind,
- in der Herkunfsfamilie bzw. im eigenen Leben bereits eine Scheidung stattgefunden hat,
- die Partner aufgrund eines Kindes geheiratet haben.

Bei jährlich an die 130 000 Scheidungen in Deutschland sind etwa 150 000 Kinder betroffen. Bei 95–98 Prozent aller Scheidungen mit Kindern erhält die Mutter das alleinige Sorgerecht.

Das Scheidungsverfahren vor Gericht

Das klassische Konfliktlösungsmodell für gescheiterte Ehen ist die sogenannte justizielle, kontradiktorische Scheidung – also die Scheidung vor Gericht. Das gerichtliche Scheidungsverfahren hat eine bestimmte Charakteristik. Die an ihm beteiligten Personengruppen sind beispielsweise Richter, Rechtsanwälte und Jugendamtsmitarbeiter.

Das Scheidungsverfahren vor Gericht hat bestimmte Merkmale, die Sie kennen sollten, bevor Sie sich für diesen Schritt entscheiden. Hier drei charakteristische Merkmale:

1. Die »Drittentscheidung«
Das heißt, daß der Richter im Streitfall eine am Recht orientierte Entscheidung trifft. Sie und Ihr Partner werden zwar eingehend befragt und gehört, das letzte Wort spricht jedoch das Gericht. Dieses Prinzip ist vor allem dann »nützlich«, wenn Sie es nicht selbst schaffen, eine Entscheidung zu finden.

2. Das »Normative Positionsdenken«
Nach diesem Prinzip legen Sie alle Fakten auf den Tisch – und dann wird aufgeteilt. Hier gibt es verständlicherweise kaum Raum, um auf ideelle Werte Rücksicht zu nehmen oder um Lösungen zu erarbeiten, die außerhalb des von Paragraphen geregelten Horizonts liegen.

3. Das »Parteienmodell«
Aus Partnern werden im Gerichtsstreit Parteien. Da für viele Menschen die anstehenden Konflikte sehr unangenehm sind, delegieren sie sehr gern alles an ihren Anwalt. Die Anwälte versuchen dann, für ihren Klienten das Beste herauszuholen. Nicht selten liegt hier die Ursache und der Beginn eines nicht mehr gutzumachenden Konflikts, der in seiner Eigendynamik die Auseinandersetzungen immer weiter verschärft.

Kreative Konfliktlösungen der Eheleute werden eingeschränkt, da die Entscheidung vom Richter getroffen wird.

Der justizielle Prozess wird den verfassungsrechtlichen Anforderungen nicht immer gerecht. Es ist zu kritisieren, daß fremde Experten, die die persönlichen Belange der Eheleute nicht kennen, über das »Wohl des Kindes« bestimmen, indem sie einvernehmliche Lösungen vorschlagen. So wird der Rechtsstreit zwar beendigt, die Parteien sind mit dem Ergebnis jedoch häufig unzufrieden. Form, Inhalt und Methode des gerichtlichen Verfahrens bergen unter anderem folgende Eigenschaften in sich:

- Fühlt sich ein Partner während der Verhandlung eines bestimmten Konfliktpunkts unsicher, hüllt er diese Unsicherheit leicht in Schweigen. Den Anwälten wird das Feld überlassen, die eigentlichen Konfliktpartner fühlen eine gewisse Ohnmacht.
- Entweder-Oder-Entscheidungen führen zu einem existentiellen Kampf um Sieg oder Niederlage, ohne selbstbestimmte Lösungsmöglichkeiten.
- Richter, Anwälte, Jugendamtsmitarbeiter, die psychologischen Sachverständigen, Mitarbeiter in Familienberatungsstellen und so weiter handeln aus »ihrem« System im gegnerschaftlichen Verfahren.
- Kinder sind nicht selten die eigentlichen Verlierer.

Die folgenden Ausführungen machen die Rollen der beteiligten Personengruppen deutlich. (Im Anhang dieses Buches können Sie wichtige Paragraphen nachlesen.)

Die Rollen des Jugendamts

Dem Jugendamt wurden vom Gesetzgeber im Hinblick auf Sorgerechtssachen widersprüchliche Aufgaben aufgetragen. Zum einen soll das Jugendamt selbst Beratung anbieten, zum anderen ist es verpflichtet, gewisse Entscheidungen zu treffen: Jugendamtsmitarbeiter beurteilen bei strittigen Sorgerechtssachen unter anderem die innerfamiliären Beziehungen und stellen beispielsweise fest, welcher Elternteil für die Erziehung der Kinder geeigneter erscheint. Dies geschieht zwar in einer scheinbar objektiven Beschreibung beider Eltern, die Richter können jedoch sehr wohl »zwischen den Zeilen« lesen, welchen Vorschlag die Beurteilung bzw. der Bericht enthält. Das Gericht holt den Bericht ein und entscheidet in der Regel jugendamtskonform.

Dieses Verhältnis von Beratung und Mitwirkung ist im Hinblick auf die Aufgabenwahrung sehr problematisch. Die Beratung ist nur in einer Atmosphäre des Vertrauens sinnvoll, die beispielsweise der Schweigepflicht bedarf.

Der Bericht aufgrund der Mitwirkungspflicht nach § 50 KJHG ist jedoch ein entscheidendes Kriterium des richterlichen Urteils. Hier wird deutlich, daß eine Ausübung beider Aufgaben in Personalunion eines Jugendamtsmitarbeiters fachlich heftig zu kritisieren ist. Trotzdem werden Bestandteile dieser – vertraulichen – Beratung in den Bericht einfließen, den der Jugendamtmitarbeiter für das Gericht verfaßt.

Aber auch, wenn nicht ein- und dieselbe Person gleichzeitig berät und berichtet: Wie kann ein Vertrauensverhältnis aufgebaut werden, wenn in einem Zimmer vertraulich und einvernehmlich vermittelt wird und im Nebenzimmer die Berichterstellung – nach dem Motto: Wer ist der bessere Elternteil? – droht?

Die Forderung, daß das Jugendamt lediglich seine Beratungs- und Aufklärungsfunktion ausüben soll, also nur bei einem Erstkontakt über Rechte und Pflichten informieren soll, wird in Fachkreisen heftig diskutiert.

Weiter wird gefordert, daß im Falle der Möglichkeit einer einvernehmlichen Lösung das Jugendamt die Familie in eine freie Beratungsstelle/Praxis oder zu anderen Trägern der freien Jugendhilfe ihrer Wahl verweisen sollte, um im Mediationsverfahren jugendamtsunabhängig verhandeln zu können.

Sie sollten sich dieser Problematik bewußt sein, im Zweifelsfall den Jugendamtsmitarbeiter darauf ansprechen und auf die Überweisung bestehen.

Rechtsanwälte im Scheidungsverfahren

Ist die Ehescheidung einvernehmlich, reicht es aus, wenn nur der Antragsteller vom Anwalt vertreten wird. In strittigen Punkten herrscht Anwaltszwang für beide Seiten.

Ratsuchende haben oft Existenzängste und stecken in schweren Lebenskrisen. Anwälte beantworten Rechtsfragen und wollen Geld verdienen. Die Gebühren richten sich nach dem Streit- oder Gegenstandswert. Die Art der Beratung und Vertretung durch den Anwalt kann die Kosten auf einem Mindestniveau halten oder um ein Vielfaches darüber liegen.

Das Berufsethos des Anwalts zwingt ihn fast dazu, parteilich zu denken und zu handeln. In vielen Fällen entspricht dies auch dem Wunsch der Parteien. Oft fühlt sich eine Partei (zum Beispiel die Frau) dem Partner gegenüber persönlich unterlegen und glaubt, nur mit einem starken Anwalt an der Seite eine Chance zu haben, nicht über den Tisch gezogen zu werden.

Richter im Scheidungsverfahren

In der Regel wird heute, im Gegensatz zu früher, jedem Antrag auf Scheidung – spätestens nach drei Jahren Trennungszeit – stattgegeben.

Sämtliche Streitpunkte werden im Einzelfall entschieden. Die richterliche Auslegung von Gesetz und Recht ist jedoch nicht frei von Wertungen, Normen und Moralvorstellungen.

Neben der Suche nach einer gerechten Lösung hat das Gericht auch immer das Bedürfnis, den Fall zum Abschluß zu bringen.

In der Justizorganisation herrschen Anpassungszwänge, die die Unabhängigkeit der Richter aushöhlen. Es ist nicht nur einfacher, sich einer Meinung eines Oberlandesgerichts anzuschließen, sondern auch für das berufliche Fortkommen eines Richters hilfreicher.

Hinzu kommt die quantitative Beurteilung erledigter Fälle, die Qualität der Rechtsprechungen ist dabei schlecht meßbar. So neigen viele Richter eher dazu, die Parteien zu Vergleichen zu nötigen als dem Wunsch der Verfahrensbeteiligten nachzukommen, nämlich ein gerechtes Urteil zu finden.

Zur Veranschaulichung ein Beispiel: Zwei Kinder streiten um ein Überraschungsei, die Mutter will den Konflikt lösen. Sie kann das Schokoladenei teilen und jedem Kind eine Hälfte geben. Entpuppen sich nun als Überraschung zwei Würfel, kann die Mutter jedem Kind einen Würfel geben. Sie hätte das Streitobjekt gerecht geteilt und den Streit aus der Welt geschafft.

Diese Konfliktlösungsmethode entspricht dem Gerichtsverfahren. Eine objektive Obrigkeitsentscheidung beendet den Streit durch einen verbindlichen Rechtsspruch.

Zurück zum Beispiel: Stellt die Mutter nun fest, daß ihre Kinder trotz ihres »Richterspruchs« unglücklich in der Ecke sitzen und schmollen, sollte sie sich vielleicht Gedanken machen, ob ihr Handeln richtig war. Bekanntlich essen nicht alle Kinder gleich gern Schokolade und viele Würfelspiele funktionieren nur mit zwei Würfeln. So kann es sein, daß das eine Kind gern die ganze Schokolade gegessen hätte, das andere Kind sich gar nicht so viel aus Schokolade macht, jedoch begonnen hat, die Überraschungen zu sammeln.

Die scheinbar gerechte Entscheidung der Mutter hat somit zwei Verlierer produziert. Hätte die Mutter versucht, herauszufinden, worin der »eigentliche« Streitpunkt bestand, hätte sie zu einer Lösung kommen können, die beiden Kindern gerecht geworden wäre, und es wären zwei Gewinner aus dem Streit hervorgegangen.

Diese Art der Konfliktlösung strebt die Mediation an.

Das Menschenbild des zu Ende gehenden 20. Jahrhunderts ist das eines eigenverantwortlichen und selbstbestimmten Individuums.

Unser Rechtssystem bietet den Rahmen, das klassische Verfahren im Scheidungsrecht zu überwinden und neue Methoden zu etablieren: Methoden, die die Autonomie des einzelnen auf dem Prinzip der Freiwilligkeit fördern.

Die Trennungs- und Scheidungsmediation versucht, diesem Anspruch gerecht zu werden.

Die Kosten des Scheidungsverfahrens

Neben den beteiligten Personen und Institutionen spielen auch die Kosten, die auf die Scheidungswilligen zukommen eine Rolle.

Schaut man sich die Vielzahl und die Höhe der Gebühren an, die in einem Scheidungsverfahren von seiten der Anwälte und des Gerichts auf das Paar zukommen, drängt sich die Frage nach der gesellschaftlichen Intention auf. Kann es sein, daß alle Gebühren lediglich durch die anfallenden Kosten zu begründen sind, oder kann der »Preisgestaltung einer Scheidung« eine Art gesellschaftliche Steuerungsintention unterstellt werden, d. h. soll sie letztlich Ehescheidungen verhindern?

Zwei im Grunde längst überwunden zu scheinende Phänomene treten in diesem Zusammenhang hervor:

1. Die Kosten bilden für viele Paare eine zusätzliche Hürde, die dazu führen kann, die gescheiterte Ehe nicht durch eine Scheidung zu beenden. Somit trägt die Gebührenordnung latent mit dazu bei, die Institution Ehe nach außen – trotz innerer Scheidung – zu erhalten.

2. Die Gebührenfestsetzung am Streitwert nimmt kaum Rücksicht auf einvernehmliche Scheidungen – Fälle, in denen es also gar keinen »Streit« gibt. Eine Orientierung am Streitwertprinzip ist nicht weit weg vom Schuldprinzip, da das Wesen des Streits unter anderem von gegenseitigen Schuldzuweisungen bestimmt ist. Eine Rechtsordnung, die nach dem Zerrüttungsprinzip vom »Scheitern« spricht, sollte – so meine ich – auch in der Gebührenordnung neue Wege finden, die diesem Prinzip entsprechen.

Auch die Prozeßkostenhilfe ändert wenig an diesem Sachverhalt, da sie nur ärmeren Klienten zugänglich ist und in der Regel in Raten zurückgezahlt werden muß.

Tips für die Scheidung vor Gericht:

- Die Kosten der Scheidung richten sich nach dem Streitwert. Einigen Sie sich über die Folgesachen – also zum Beispiel Unterhalt, elterliche Sorge, Zugewinnausgleich – außergerichtlich, sparen Sie Geld, da der Streitwert minimiert wird.

- Sie können fast alle Folgesachen selbst regeln und notariell beglaubigen lassen.
- Der Richter wird im Urteilsspruch nur dann von diesen Regelungen abweichen, wenn Gesetze nicht beachtet wurden.
- Das Gericht muß sich bei minderjährigen Kindern mit der elterlichen Sorge befassen. Es entscheidet von Amts wegen nach dem Gutachten des Jugendamts und seinem persönlichen Eindruck.
- Der Versorgungsausgleich muß vom Gericht geregelt werden, Ihr Vorschlag wird in der Regel angenommen.
- Es herrscht Anwaltszwang. In der Regel muß sich jeder Partner von einem eigenen Anwalt vertreten lassen. Ist sich das Paar in allem einig, reicht es, wenn sich nur ein Partner vertreten läßt. Das ist vor allem dann zu empfehlen, wenn ein Mediationsverfahren durchgeführt wurde und ein notariell beglaubigter Mediationsvertrag vorliegt.
- Versuchen Sie, einen Anwalt zu finden, der ein Zeithonorar akzeptiert, das kann im Einzelfall sehr viel Geld sparen.
- Falls Sie die Entscheidung des Gerichts nicht akzeptieren, können Sie Rechtsmittel beim Oberlandesgericht einlegen.

Was ist Mediation?

Im auf Seite 31 geschilderten Beispiel mit dem Überraschungsei wurde bereits ein Vorgeschmack zum Thema gegeben. Dieses Kapitel wird Ihnen aufzeigen, wo Mediation eigentlich herkommt und welche besonderen Merkmale die Mediation hat. Je besser Sie über Mediation Bescheid wissen, um so erfolgreicher wird sich das spätere Mediationsverfahren gestalten. Es ist für das Gelingen sehr wichtig, daß Sie die Wertewelt und Regeln der Mediation anerkennen und ein Stück weit in Ihr eigenes Denken und Handeln einbeziehen. Dies beschränkt sich nicht nur auf die einzelnen Sitzungen, sondern soll sich auch auf die gesamte Trennungsphase mit allen Wechselbädern an Gefühlen ausbreiten. Auch nach der Trennung und Scheidung kann Ihnen die im Mediationsverfahren erworbene Fähigkeit, mit Konflikten umzugehen, stets sehr hilfreich sein und verfahrene Situationen besser lösen helfen.

Was Mediation ist und was Sie in einem Mediationsverfahren erwartet, hängt auch ganz entscheidend von der Stelle ab, bei der Sie das Verfahren durchführen. Es gibt eine Vielzahl von unterschiedlichen Beratungsstellen. Sie erhalten in diesem Kapitel Informationen, die Ihnen dabei helfen, die für Sie geeignetste Beratungsstelle aufzusuchen. Ebenfalls wichtig ist es, darüber Bescheid zu wissen, welche Funktion der Mediator selbst hat. Nicht jeder Scheidungsberater handelt gleichzeitig wie ein Mediator. Nimmt Ihr Gegenüber in der Beratung seine Funktionen nicht eindeutig wahr, können Sie Ihn darauf hinweisen beziehungsweise auch darauf bestehen. Darüber hinaus sollten Sie die Funktionen des Mediators kennen und Ihre Erwartungen entsprechend darauf einstellen, denn falsche Erwartungen an den Mediator sind oft die Ursache einer fehlgeschlagenen Mediation.

Neben dem Was, Wie, Wer und Wo steht das Wann. Die Trennung läuft in mehreren Phasen ab. Nicht in jeder Phase ist der

Beginn eines Mediationsverfahrens gleichermaßen sinnvoll. Auch befinden sich die Konfliktpartner meist nicht in der gleichen Phase, so daß der Zeitpunkt der Mediation ein nicht zu vernachlässigender Faktor einer »glücklichen Trennung« ist.

Die Entstehung und Verbreitung der Mediation

Der Begriff »Mediation« ist ein feststehender Fachbegriff, der aus dem Englischen übernommen wurde und übersetzt »Vermittlung« heißt. Die Vermittlung zur Konfliktlösung hat eine lange Tradition. In China war sie schon immer ein – der konfuzianischen Sicht entsprechender – Weg, befriedende Lösungen zu finden. In Japan haben außergerichtliche Vermittlungen eines neutralen Dritten ebenfalls seit alters her große Bedeutung. Hier wurde vom Vorsitzenden einer Dorfgemeinschaft erwartet, Dorfmitglieder bei der Konfliktregelung zu unterstützen. Aber auch in allen anderen Kulturkreisen gibt es diese Art der Vermittlung.

Der Ausdruck »Familienmediation« wird in den USA seit 1970 gebraucht. Seit 1980 haben über die Hälfte aller US-amerikanischen Bundesstaaten Gesetze verabschiedet, die Mediation in Familiensachen – freiwillig oder obligatorisch – an den Familiengerichten vorsehen. Mittlerweile hat Mediation in den verschiedensten Ländern ihre institutionelle Formen der Familienmediation gefunden.

In Deutschland wurde die Trennungs- und Scheidungsmediation erstmals 1982 auf einer Tagung in Bad Boll vorgestellt und stieß zunächst auf wenig Interesse. Erst als 1988 beim »3. Kleinen Familiengerichtstag« in Arnoldshain erneut Mediation zur Sprache kam, bildeten sich daraufhin in verschiedenen Städten interdisziplinäre Arbeitskreise, die dazu beitrugen, Mediation »salonfähig« zu machen. Seit 1992 existiert nun die »Bundesarbeitsgemeinschaft für Familienmediation« (BAFM). Die BAFM hat es sich zur Aufgabe gemacht, ein Netzwerk der Mediation und Berufs- und Ausbildungsstandards für Mediatoren zu erarbeiten.

Heute kann davon ausgegangen werden, daß in jeder größeren Stadt Mediation angeboten wird. Die augenblickliche Entwicklung weist darauf hin, daß sich die Mediation aus den Ballungsgebieten heraus auch auf kleinere Gemeinden ausbreitet.

Definition und Merkmale der Mediation

Mit Roland Proksch kann man Mediation folgendermaßen definieren:

> »Mediation ist ein freiwilliger, vom Gericht unabhängiger Prozeß, in dem die Beteiligten übereinkommen, unter dem Beistand eines neutralen und unparteiischen Vermittlers ihre gegensätzlichen Standpunkte auszutauschen, ihre Konflikte offenzulegen, zu strukturieren, mit dem Ziel, im gemeinsamen Gespräch Alternativen und Optionen zu erarbeiten und schließlich zu einem einvernehmlichen, eigenverantwortlichen Ergebnis zu kommen.«

Hier werden der Mediation verschiedene Merkmale zugeschrieben, die Ihnen immer zu Beginn einer Mediation erklärt werden, da eine Mediation eben nur dann erfolgreich durchgeführt werden kann, wenn Sie wissen, worum es geht.

Besonders herauszustellen sind vier Merkmale:

1. Mediation ist ein vor- und außergerichtliches Vermittlungsverfahren in Trennungs- und Scheidungsfällen

Der Begriff »vor- und außergerichtlich« drückt im Grunde schon aus, daß Mediation bei Scheidungssachen nie an Stelle des Gerichtsverfahrens treten kann. Sie ist somit als sinnvolle Ergänzung zu sehen. Das Mediationsverfahren wäre ohne das Gerichtsverfahren in manchen Fällen sogar problematisch. So würde beispielsweise bei einer gescheiterten Mediation die Situation entweder in der Schwebe bleiben oder der Konflikt würde zugunsten des Stärkeren gelöst. Das Gerichtsverfahren stellt somit eine Art doppelten Boden dar. An dieser Stelle wird auch für Paare ohne Trauschein sehr deutlich, daß die Mediation – mit dem Merkmal »außergerichtlich« – eine gut geeignete Methode der Konfliktlösung ist, da für diesen Personenkreis vom Gesetzgeber kaum eine verbindliche Regelung formuliert wurde.

2. Mediation ist eine zielorientierte Konfliktlösungsmethode

Ein besonderes Wesensmerkmal der Mediation ist die Betonung der Zielorientiertheit. Mediation schaut demnach nicht auf die Ursachen der Auseinandersetzungen oder des Trennungswunsches, sondern orientiert sich auf die Zukunft, wobei das Ergebnis offen bleibt. Betrachtet man die Ziele der Mediation, kristallisieren sich unterschiedliche Zielebenen heraus:

Die äußere Zielebene:
Hier geht es um die materiellen Vereinbarungen der Folgesachen, wie beispielsweise die Unterhalts-, Sorgerechts- oder Vermögensauseinandersetzungen. Die Mediation hat das Ziel, alle strittigen Punkte zu einvernehmlichen Lösungen zu führen und vertraglich zu formulieren, so daß eine rechtsverbindliche Vereinbarung vorbereitet werden kann.

Die innere Zielebene:
Hier sind psychologische Bereiche angesprochen. Eine professionelle Begleitung durch den Mediator kann eine neue Streitkultur entstehen lassen. Die Bemühungen der Parteien, keinen Verlierer zu hinterlassen, haben positive Folgen für die Betroffenen. Die gescheiterte Liebes- und Alltagsbeziehung erhält die Qualität einer konstruktiven Arbeitsbeziehung. Dies hat in der Regel zur Folge, daß auch über die Mediationssitzungen und die gesamte Scheidungsphase hinaus künftig bei strittigen Situationen – beispielsweise bei Neuverhandlungen in Betreuungsfragen – mit klarem Kopf und gegenseitiger Wertschätzung »gearbeitet« wird.

Die spezielle Zielebene:
Als spezielle Zielebene kann das besondere Augenmerk des Mediators auf die Kinder beziehungsweise auf das Kindeswohl bezeichnet werden. Da sich oft Personen für die Mediation entscheiden, die auch ein Interesse an einem gemeinsamen

Sorgerecht haben, kann Ihnen ein erfahrener Mediator in diesen Fragen sehr hilfreich zur Seite stehen. Dem gemeinsamen Sorgerecht ist später ein eigenes Kapitel gewidmet.

3. Mediation beruht auf Eigenverantwortlichkeit und Freiwilligkeit

Das Merkmal der Eigenverantwortlichkeit und der Freiwilligkeit zielt auf das Paar selbst ab. Den Entschluß, sich zur Mediation und für den Mediator zu entscheiden, treffen Sie mit Ihrem Partner. Auch die zur Vermittlung anstehenden Inhalte werden von Ihnen bestimmt. Erweist sich nach einigen Sitzungen, daß Mediation für Sie nicht die geeignete Methode ist, kann sie jederzeit unterbrochen oder abgebrochen werden.

Eigenverantwortlichkeit verlangt von jedem einzelnen, für sich und seine Gefühle und Belange einzustehen und auch mal »nein« sagen zu können.

Die Forderung der Freiwilligkeit bezieht sich freilich nur auf einzelne Themengebiete. Entschließt sich ein Paar zur Mediation des Unterhalts, kann sich ein Partner mit dem Hinweis auf die »Freiwilligkeit« nicht weigern, seine Einkommensquellen offenzulegen. So steht das Prinzip der Freiwilligkeit und Eigenverantwortlichkeit unter anderem neben den Grundsätzen der vollen Informiertheit, der Offenlegung aller lösungs- und entscheidungserheblichen Tatsachen und der Vertraulichkeit.

4. Mediation wird von (einem) neutralen Dritten begleitet

Ein entscheidendes Merkmal ist die Neutralität des Mediators. Parteilich zu denken und zu handeln, gehört schon fast zur normalen Alltagsbewältigung unseres Lebens. In vielen Fällen ist es auch sinnvoll und nicht weiter anzuprangern. Für die Mediation wäre ein parteilicher Mediator allerdings Gift. Die Mediation müßte in diesem Fall eventuell sogar abgebrochen oder mit einem anderen Mediator fortgeführt werden. So entschließen sich viele Paare und auch Mediatoren, mit einem Ko-Mediator zu arbeiten.

Der Punkt »Neutralität« wird zu Beginn der Mediation offen angesprochen. Die Partner sollen dazu ermutigt werden, sich zu melden, wenn sie das Gefühl haben, daß der Mediator zu einer Seite tendiert.

Problematisch wird es, wenn bereits im Vorfeld Gespräche mit nur einem Partner stattgefunden haben. Der neu hinzukommende Partner wird eventuell Schwierigkeiten haben, an die Neutralität des Mediators zu glauben. Ein offenes Gespräch kann hier Klärung schaffen. Eine vorgeschaltete telefonische Beratung kann diese Gefahr einschränken. Hier wird Ihnen voraussichtlich erklärt, daß Mediation – zur Wahrung der Neutralität – nur einen Sinn hat, wenn von Anfang an beide Partner anwesend sind. Die Neutralität bezieht sich jedoch nur auf das Paar, auf der »speziellen Zielebene« dominiert der Blick auf das Kindeswohl. Hier kann es schon vorkommen, daß der Mediator – als »Anwalt des Kindes« – für die Wahrung der Kindesinteressen durchaus parteilich werden darf, ohne das Merkmal der Neutralität dem Wesen nach anzutasten.

Wer ist der Mediator? Seine Funktionen und Arbeitsweisen

Paare, die sich für eine Mediation entscheiden, stellen sich in der Regel die Frage, wer ihnen bei all den schwierigen Fragen, Entscheidungen und Situationen zur Seite stehen wird. Welche Funktion hat der Mediator und wie geht er vor? Wird er Entscheidungen beeinflussen oder die Entscheidungen treffen? Wird er Partei ergreifen und uns zu Vereinbarungen verleiten, die so gar nicht gewollt waren? Wie ist er ausgebildet?

Um mit dem letzten anzufangen: Die Ausbildung zum Mediator dauert zwei Jahre und baut auf einem psychosozialen Studium (beispielsweise Psychologie oder Sozialpädagogik) oder einer juristischen Ausbildung (2. Staatsexamen) auf. Sie können also davon ausgehen, daß Sie mit einem Spezialisten zusammenarbeiten und in der Regel in guten Händen sind. Es ist für Sie sehr hilfreich, darüber Bescheid zu wissen, was die Aufgaben des Mediators im einzelnen sind. Auf diesem Weg lernen Sie viel über das Mediationsverfahren und können Ihre Rolle als Konfliktpartner besser einschätzen und mitgestalten.

Ein Mediator ist weder Schlichter noch Richter, er ist kein Lehrer und auch kein Therapeut. Seine Funktion ist informativ, kommunikativ, ordnend, pädagogisch und formulierend. Die folgenden Ausführungen erläutern diese Funktionen noch etwas konkreter.

Die aufklärende Funktion

Hier sind vor allem die beratenden Elemente der Mediation angesprochen. Je nach Ihrer Informiertheit ist der Mediator angehalten, im Mediationsverfahren allgemeine Rechtsbelehrungen zu geben. So ist es wichtig, daß Sie mit notwendigen Informationen zum Gerichtsverfahren, beispielsweise bezüglich der Rolle der Anwälte, des Jugendamts und der Gerichte versorgt werden.

Aber auch Informationen über rechtliche Trennungszeiten, die Möglichkeiten eines gemeinsamen Sorgerechts, die Düsseldorfer Tabelle, die Kosten des Justizverfahrens sind meist nötig. Zu beachten ist für den psychosozialen Mediator, im Gegensatz zum Anwaltsmediator, daß er keine Rechtsberatung ausübt.

Die kommunikative Funktion

In dieser für den Mediationsverlauf entscheidenden Funktion hat der Mediator die Aufgabe, dafür zu sorgen, daß Sie im Hinblick auf eine zukunftsorientierte Arbeitsbeziehung miteinander sprechen. Erklärungen zu Ihrer Beziehung haben in der Mediation nur unter dem Blickwinkel einer zu erzielenden, klaren sachlichen Kommunikationsebene Platz. Der Mediator ist Ihr Kommunikationshelfer. Er muß einschreiten, wenn die Kriterien und Ziele der Mediation vom Paar bei der Konfliktlösung aus den Augen verloren werden. Der Mediator baut Brücken für gegenseitiges Verständnis und achtet darauf, daß Spielregeln eingehalten werden. Die Spielregeln können nach Bedarf und der Situation entsprechend eingeführt werden. In Form eines kontrollierten Dialogs bringt der Mediator das von Ihnen Eingebrachte auf den Punkt. Er wird darauf achten, daß er die Beiträge wirklich nur wiedergibt und keine Vorschläge oder Appelle, latent oder offen, in seine Ausführungen miteinbezieht. Der Mediator wird Sie da abholen, wo Sie sind, und wird Sie nicht mit eigenen Ideen oder Einwänden überfordern. Auch scheinbar auf der Hand liegende Themen werden normalerweise erst bearbeitet, wenn sie von mindestens einem Partner genannt werden.

Die Forderung nach Selbstbestimmtheit des Paares findet hier die konsequente Umsetzung. Inwieweit der Mediator einem unterlegenen Klienten im einen oder anderen Fall Schützenhilfe geben muß, um eine faire Lösung zu gewährleisten, kann der Mediator nur im Einzelfall entscheiden.

Er ist meist mit einer Flut unterschiedlichster Informationen konfrontiert: vom »Small talk« über rechtliche und therapeutische Fragen bis hin zu offensiven, aggressiven Verhaltensweisen. Letztere haben keinen Platz im Mediationsprozeß. Der Mediator wird durch gezielte Zusammenfassungen den Prozeß inhaltlich steuern und den Vermittlungen einen roten Faden geben. Sie lernen so im Lauf der Zeit, welche Informationen der Mediation zuträglich sind und welche keinen Raum haben. Es geht also nicht um das »Waschen schmutziger Wäsche«, sondern um das konstruktive Entwerfen einer tragfähigen Lösung. Diese wird durch gezielte Fragen, strukturiertes Zusammenfassen und Aufstellen möglicher Hypothesen erreicht.

Die ordnende Funktion

Der Mediator steht außerhalb des Paarkonflikts, er hat einen anderen Blickwinkel. Es gehört für ihn zum Alltag, Menschen zu helfen, die in einer ähnlichen Situation sind wie Sie. Diesen weiteren Blickwinkel kann der Mediator für Sie fruchtbar machen. Er kann Probleme und Verstrickungen in ein neues Licht setzen und Perspektiven aufzeigen, die Ihnen helfen, Ihre Probleme in einen neuen Zusammenhang zu stellen. Der Mediator sollte es schaffen, seinen Blick, beziehungsweise seine Sicht der Dinge Ihnen näherzubringen, indem er sie in einen anderen Zusammenhang stellt. Sie erhalten die Hoffnung, daß Ihre Probleme lösbar sind und daß es nicht nötig ist, außergewöhnliche Forderungen zu stellen, da die Gesamtsituation gar nicht so ungewöhnlich ist, wie sie sich im Moment darstellt.

Eine weitere Vorgehensweise des Mediators ist das Herstellen der Wechselseitigkeit. Die Sicht der Dinge offenbart sich für den Mediator immer von zwei Seiten. Dies erfordert sehr viel Einfühlungsvermögen sowohl vom Mediator wie auch von Ihnen selbst. Vermutlich liegt hier die Grundlage für alternative Lösungen. Erst wenn ein Partner bereit ist, das Problem auch mit den Augen des Gegenübers anzuschauen, wird er sich bereit erklären, von seiner eigenen Sicht der Dinge Abstand zu nehmen oder sie zumindest zu relativieren.

Wahrscheinlich werden Sie oft in Versuchung geführt, Probleme und Kränkungen der Vergangenheit aufzugreifen. Der Mediator hilft Ihnen dabei, aus Negativbeschreibungen der Vergangenheit positive Formulierungen für die Zukunft zu finden. Die Ergebnisse selbst bleiben dabei offen. Es geht nicht darum, ein bestimmtes Ziel zu erreichen, sondern ein für beide tragbares Ergebnis zu finden.

Der Mediator ist für den Prozeß des Mediationsverfahrens verantwortlich, die Verantwortung über den Inhalt der Verhandlungen müssen Sie selbst tragen.

Die pädagogische Funktion

Sind Sie ein Elternpaar, betrifft die Trennung und Scheidung auch die Kinder. Hier muß der Mediator in seiner pädagogischen Funktion arbeiten. Das heißt nicht, daß er mit erhobenem Zeigefinger spricht oder gar moralisiert. Die Rolle des Anwalts des Kindes wird in der Mediation nicht so weit führen, daß der Mediator den Eltern vorschreibt, wie sie die elterliche Sorge zu regeln haben und was gut oder schlecht ist für die Kinder.

In der pädagogischen Funktion betont der Mediator die bleibende Elternschaft und hilft bei der Lösungsfindung im Interesse der Kinder. Hier ist es wichtig, Ihre Interessen nicht unter scheinbar bessere, wissenschaftlich fundierte Lösungsmöglichkeiten zu stellen. Auch wenn das gemeinsame Sorgerecht vermutlich für die Kinder die beste Lösung ist, wird der Mediator nicht versuchen, Sie davon zu überzeugen, daß Sie es unter allen Umständen versuchen sollten, die gemeinsame Sorge anzustreben. Trotzdem wird der Mediator bei allen Vermittlungen immer ein Auge auf das Wohl der Kinder werfen. So sind Verhandlungen über die elterliche Wohnung oder das Auto nicht unabhängig von den Schulwegen und sonstigen sozialen Bindungen der Kinder zu sehen. Vergessen Sie nun – im Eifer des Gefechts –, organisatorische Fragen bezüglich der Kinderbetreuung zu regeln, wird Sie der Mediator darauf hinweisen. Die Bedeutung der Elternverantwortung für den Mediationsprozeß ist groß. Das Bewußtmachen der bleibenden elterlichen Verantwortung im Unterschied zur Trennung als Paar ist zugleich ein Symbol für die Gesamtlösung an sich. Hier zeigt sich ganz entscheidend, daß das Einzelinteresse mit dem gemeinsamen Interesse verbunden ist. Kann der Mediator in seiner pädagogischen Funktion Ihnen dabei helfen, als getrenntes Paar Ihre Elternverantwortung wahrzunehmen, kann das Mediationsverfahren fast nicht mehr scheitern.

Die Formulierungsfunktion

Ist das Mediationsverfahren vor dem Abschluß, müssen die Ergebnisse vom Mediator oder den Klienten in einem Memorandum festgehalten werden. Sämtliche Regelungspunkte werden in einer Scheidungsvereinbarung so formuliert, daß sie für die Einführung in das Gerichtsverfahren oder für eine notarielle Beurkundung Verwendung finden können.

Das Ergebnis muß vor dem Hintergrund einer gesetzlichen Regelung einem Vergleich standhalten können. Stellt sich dabei heraus, daß ein Partner im herkömmlichen Verfahren wesentlich besser abgeschnitten hätte, kann die Vereinbarung durch den Klienten wieder aufgelöst werden. So wird der langfristige Erfolg des Memorandums davon abhängen, inwieweit diese Aufgabe erfüllt ist.

Wie stark der Mediator die Formulierungsfunktion wahrnimmt, hängt von Ihren Formulierungsfähigkeiten und Ihrem Wunsch, beratende Anwälte hinzuzuziehen, ab. Mediatoren aus dem psychosozialen Bereich werden Sie in jedem Fall vor dem Abschluß des Mediationsprozesses an beratende Anwälte verweisen. So kann sichergestellt werden, daß die Endfassung des Vertrags auch langfristigen Bestand hat.

Beratungsstellen im Vergleich: Wo findet Mediation statt, und welche Kosten können auf Sie zukommen?

Wie das Mediationsverfahren abläuft und wie es von den Beteiligten wahrgenommen wird, hängt nicht unwesentlich vom Ort der Mediation ab. Die Eigenarten der Mediation in den verschiedenen Institutionen und die damit verbundenen Kostenfragen sind für Sie ein entscheidendes Kriterium bei der Wahl einer Mediationsstelle. Es geht dabei nicht darum, hervorzuheben, wo das beste Angebot zu finden ist. Vielmehr muß davon ausgegangen werden, daß jedes Angebot seine Existenzberechtigung hat, jedoch nicht jedes Angebot beziehungsweise jede Beratungsstelle auch zu Ihnen und Ihren Bedürfnissen paßt. Versucht man das vielfältige Beratungsangebot zu ordnen, kristallisieren sich sechs verschiedene Typen heraus: Mediation im Jugendamt, beim Familiengericht, in kirchlichen Beratungsstellen, in freier Trägerschaft, in der psychosozialen Praxis (Psychologen, Therapeuten, [Sozial-]Pädagogen) und in der juristischen Praxis beziehungsweise Kanzlei (Anwälte, Notare, Steuerberater).

Mediation in den Erziehungs- und Familienberatungsstellen des Jugendamts

Das Jugendamt ist vor allem dann angesprochen, wenn von der Trennung Kinder betroffen sind. Das Jugendamt ist eine Art »Wächter des Kindeswohls« und wird in der Regel kompetente Hilfe leisten, wenn es um Sorgerechts- oder Unterhaltsfragen geht. Andere strittige Punkte werden im Einzelfall mitbehandelt. Somit können Sie davon ausgehen, daß bei einem Mediationsverfahren beim Jugendamt – sofern Sie Kinder haben – alle weiteren Fragen mitbehandelt werden, da ja jeder Punkt für das Kindeswohl von Bedeutung sein kann.

Die Hilfeleistungen beim Jugendamt haben sich in den letzten Jahren stark verbessert, da immer mehr Mitarbeiterinnen und Mitarbeiter über Zusatzausbildungen in Familientherapie oder andere therapeutische Qualifikationen verfügen. Falls Sie Wert darauf legen, daß Ihr Gegenüber eine therapeutische Zusatzqualifikation hat, sollten Sie sich nicht scheuen, danach zu fragen. Als Vorteil für eine Jugendamtsmediation ist auch anzuführen, daß sie stets kostenlos ist.

Wie bereits auf Seite 29f. erwähnt, ist die strikte personelle und räumliche Trennung der Mediation von anderen Bereichen des Jugendamts geboten, da sich die hoheitliche Funktion des Jugendamts als problematisch erweisen kann. Dies hängt damit zusammen, daß das Jugendamt das Gutachten über das Sorgerecht erstellen muß. Das Gericht prüft das Gutachten, hört die Betroffenen und entscheidet nach bestem Wissen und Gewissen. Die

Praxis zeigt, daß es eher selten vorkommt, daß ein Richter bei seinem Urteilsspruch vom Gutachten des Jugendamts abweicht. Somit ist dem Jugendamt eine bedeutende Rolle zuzuschreiben, wenn es um das Kind beziehungsweise die Kinder geht. Die voranschreitenden Sorgerechtsreformen bei Eltern, die keinen Trauschein haben, lassen den Trend erkennen, daß sie verheirateten Eltern immer mehr gleichgestellt werden, auch wenn man gleichzeitig davon ausgehen kann, daß es in Deutschland wohl nie zu einer hundertprozentigen Gleichstellung kommen wird.

Die beschriebenen unterschiedlichen Rollen des Jugendamts führen zur Empfehlung, sich beim Jugendamt lediglich vorzuinformieren. Das eigentliche Mediationsverfahren sollte dann an einer anderen Stelle durchgeführt werden. Viele Beratungsstellen arbeiten mit dem Jugendamt zusammen, so daß Ihre dort vereinbarten Übereinkünfte vom Jugendamt in der Regel akzeptiert werden. Das Jugendamt wird Ihnen auch immer Auskünfte über das Mediationsangebot in Ihrer Stadt geben.

Mediation beim Familiengericht

Eine weitere Möglichkeit, Mediation unter öffentlicher Trägerschaft wahrzunehmen, ist die beim Familiengericht. Dieses beispielsweise in Kalifornien praktizierte und in Regensburg erprobte »Incourt«-Modell ist in Deutschland noch nicht sehr verbreitet. Es gibt noch gewisse Unsicherheiten in Fachkreisen, die Mediation am Familiengericht uneingeschränkt anzubieten. Das Mediationsverfahren selbst verläuft wie an einer anderen Stelle. Der Unterschied besteht nur in der räumlichen Nähe zum Gericht. Das Verfahren darf aber auf keinen Fall mit dem Gerichtsverfahren verwechselt werden. Die Mediation wird selbstverständlich ohne Richter und Anwälte durchgeführt.

Solange das Prinzip der Freiwilligkeit – im Gegensatz zur Pflichtmediation in Kalifornien – unangetastet bleibt und es gewährleistet werden kann, daß absolute Vertraulichkeit herrscht, der Mediator also unter Schweigepflicht steht und nicht als Zeuge im Gerichtsverfahren auftritt, kann es nur befürwortet werden, Mediationsstellen am Familiengericht einzurichten. Für nichtverheiratete Paare wird die Mediation beim Familiengericht vermutlich nur dann interessant sein, wenn es um das Sorgerecht der Kinder geht oder ein sonstiger Rechtsstreit vor Gericht droht.

Problematisch ist, daß die Gerichte bevorzugt Dienste entstehen lassen, die eine Hilfe für die rasche Urteilsabwicklung einer überlasteten Rechtsprechung bieten. Somit lastet auf dem Mediator und auf den Scheidungskandidaten der Druck, möglichst schnell zu einer Lösung zu kommen – was oftmals mit der Mediation unvereinbar ist. Könnte jedoch auch dieser, die Mediation inhaltlich beeinträchtigende Kritikpunkt überwunden werden, stünde einer In-court-Mediation theoretisch nichts mehr im Wege.

Mediation in einer Beratungsstelle mit kirchlichem Träger

Im Gegensatz zu den öffentlichen haben kirchliche Träger den Vorteil, daß sie bereits bestehende Erziehungs-, Paar-, Familien-, Ehe- und Scheidungsberatungsstellen haben. Darüber hinaus können Sie sich sicher sein, daß der Vertrauensschutz gewährleistet ist. So sollten Sie beim Entschluß, eine konfessionelle Beratungsstelle aufzusuchen, in jedem Fall ganz genau darlegen, daß Sie an einer Mediation und nicht etwa an einer Scheidungsberatung interessiert sind. Die Intention der Scheidungsberatung ist zu einem beträchtlichen Teil die Rettung der Beziehung. Der Scheidungswunsch wird zunächst als Konfliktlösungsmethode des Paares angesehen. Ein sehr streitbares Paar könnte mit dem Wunsch, sich zu trennen, den einzigen Ausweg aus den andauernden zermürbenden Streitereien sehen. Die Scheidungsberatung versucht dann oft, mit einer Paartherapie oder anderen Möglichkeiten dem Paar zu helfen, da im Vordergrund ein konkretes Problem steht (»wir streiten uns immer«), das behandelt werden kann.

Als Mediationsklient sind Sie ja genau in gegenteiliger Absicht gekommen. Sie wollen sich trennen und brauchen Hilfe, da der Trennungsprozeß für Sie belastend ist.

In den letzten Jahren haben immer mehr konfessionelle Beratungsstellen die Notwendigkeit der Mediation erkannt, ihr Personal entsprechend geschult und die neue Methode ins feste Programm aufgenommen. Vor allem die evangelische Kirche hat hier in vielen Bereichen Pionierarbeit geleistet. Im großen und ganzen ist zu beobachten, daß sich in den konfessionellen Beratungsstellen im Zuge eines Generationswechsels der Mitarbeiter auch ein Umdenkungsprozeß in Gang gesetzt hat, so daß Sie in der Regel auf aufgeschlossene und erfahrene Mediatoren treffen werden.

Mediation in freier Trägerschaft

Freie Trägerschaft heißt, daß für die Finanzierung der Beratungsstelle ein Trägerverein oder eine Gesellschaft gegründet wurde, um die Stelle zu finanzieren. Die Fördermittel reichen oft nicht aus, die Kosten zu decken, so daß die Beratungsstellen immer mehr dazu übergehen müssen, gewisse Beratungsangebote zu berechnen. Die Arbeit der freien Träger hat einen guten Ruf. Die Mitarbeiter stehen weder staatlich noch konfessionell in irgendeiner Verpflichtung und sind normalerweise sehr gut ausgebildet.

Vorbildlich arbeitet beispielsweise eine bekannte Beratungsstelle in München. Hier wird Mediation unter freier Trägerschaft angeboten. Ohne ideologisch geprägten Träger, unterstützt von öffentlicher Hand, arbeiten Sozialpädagogen, Juristen und Psychologen Hand in Hand. Niedergelassene Rechtsanwälte und Psychologen üben Mediation auf Honorarbasis aus. Festangestellte Mitarbeiter bitten in der Regel für jede Mediationssitzung um eine Spende. Die Höhe der Spende richtet sich nach dem Einkommen der Klienten. Die Faustregel sind 2 Prozent des Nettoeinkommens minus 10 DM pro betreutes Kind pro Sitzung. So »kostet« eine Mediationssitzung in dieser Beratungsstelle für eine Familie mit zwei Kindern bei einem monatlichen Nettoeinkommen von 4000 DM etwa 60 DM. Die Anteile jedes einzelnen richten sich nach dem jeweiligen Beitrag zum Familieneinkommen und der Kinderbetreuung.

So abschreckend es für manche Paare ist, für die Beratung etwas bezahlen zu müssen, so positiv kann der psychologische Effekt einer Bezahlung der Mediation sein. Die Kosten können sich als latentes Druckmittel positiv auf die Verhandlungsdisziplin auswirken. Je länger Sie brauchen, zu einer einvernehmlichen Lösung zu kommen, um so teurer wird auch das Mediationsverfahren. (Natürlich besteht andererseits die Gefahr, daß man sich, um Kosten zu sparen, überstürzt einigt.) Hinzu kommt, daß es sich sehr oft zeigt, daß die Mediation dem Paar dabei hilft, die Gerichts- und Rechtsanwaltskosten nach unten zu drücken, da es ja im Idealfall gar keinen Streitwert mehr gibt.

Mediation in der psychosozialen Praxis

In vielen Städten gibt es ein breites Angebot von niedergelassenen Psychologen und Pädagogen, die in freier Praxis tätig sind. Das Arbeitsspektrum reicht von der Psychoanalyse über Psychotherapie bis hin zu Weiterbildungsseminaren, Selbsterfahrungskursen, Supervisionen oder Organisationsberatung. Die Mediation hat diesen Berufsgruppen einen neuen Markt eröffnet, der rege erschlossen wird. So können Sie davon ausgehen, daß auch in Ihrer Nähe bereits Mediation in freier psychosozialer Praxis angeboten wird. Da Freiberufler immer sehr auf einen guten Ruf achten müssen und in erster Linie von Empfehlungen leben, ist es naheliegend, daß Sie bei einem Mediator in freier Praxis in allen Fragen und Situationen gut aufgehoben sind. Insbesondere bei sehr zerstrittenen Paaren oder sehr schwerwiegenden Problemen (beispielsweise Sucht, Mißbrauch oder Krankheit) kann es sich als äußerst sinnvoll erweisen, sich an einen Psychologen oder Therapeuten zu wenden.

Man zahlt jedoch ein ganz normales Honorar, ohne staatliche oder sonstige Förderung. So ist es durchaus üblich, für eine 60-minütige Sitzung 100–300 DM zu verlangen. Falls Sie in der privaten Krankenversicherung sind und der Mediator eine Zulassung als Psychotherapeut oder Heilpraktiker hat, ist es möglich, das Mediationsverfahren als Therapie zu deklarieren und an die Kasse weiterzureichen. Hier verbirgt sich jedoch die Gefahr, daß die Mediation stark therapeutische Züge erhält und mitunter länger dauert, als es Ihnen recht ist. Sie sollten in diesem Fall alles genau mit Ihrem Mediator im Vorfeld besprechen.

Mediation in der juristischen Praxis

Hier sind Anwälte, Notare und Steuerberater angesprochen. In der Tat ist es etwas außergewöhnlich, in eine juristische Praxis beziehungsweise Kanzlei zu gehen, um eine Mediation durchzuführen. Dies soll jedoch nicht heißen, daß nicht auch hier eine außergerichtliche Einigung erfolgreich durchgeführt werden kann. Ein Anwalt, der eine Zusatzausbildung als Mediator absolviert hat, ist immer auch Experte im Scheidungsrecht. Somit liegt es auf der Hand, die Mediation abgelöst vom gerichtlichen Scheidungsverfahren bei der gleichen Person durchzuführen. Von Vorteil ist die Kompetenz eines Anwalts, da im Mediationsverfahren gleich alle juristischen Fragen mitbehandelt werden können. Hier treten jedoch eine Vielzahl unterschiedlichster Probleme auf.

Eine Vermischung der Mediation mit der Rechtsberatung birgt die Gefahr, die Merkmale der Eigenverantwortlichkeit der Partner und der Neutralität des Mediators nicht einzuhalten. Ein Anwalt muß normalerweise immer parteilich sein. So ist es ihm gar nicht erlaubt, vor Gericht beide Parteien gerichtlich zu vertreten. Eine Scheidung vor Gericht mit einem Anwalt ist dahingehend parteilich, daß er (offiziell) nur einen Partner vertritt und der andere Partner (ohne anwaltliche Vertretung) dem Antrag zustimmt.

Die Eigenverantwortlichkeit ist bei einer reinen Anwaltsmediation insofern gefährdet, als Hilfesuchende leicht dazu neigen, die Entscheidungen am Recht orientiert vom Anwalt ausführen zu lassen, ohne an eigenen Lösungen zu arbeiten.

Für die Mediation beim Steuerberater sind die Paare gut geeignet, die alle strittigen Punkte selbst regeln konnten und nur in Steuersachen einen Vermittler brauchen. Die Notarmediation ist ebenfalls auf gewisse Speziallösungen zugeschnitten, sie kann beispielsweise bei komplizierten Immobilienangelegenheiten oder Erbschaftssachen hilfreich sein. In allen Fällen sollten Sie darauf achten, daß der Mediator in der juristischen Praxis eine Zusatzausbildung zum Mediator hat und auch ein Stück weit mit psychosozialen Zusammenhängen und Komplikationen umgehen kann. Nichtverheiratete Paare können bei einem Notar, der ein guter Mediator ist, eventuell auch sämtliche Regelungspunkte abhandeln und am Ende des Verfahrens beglaubigen lassen. Gibt es jedoch Streit bei den Verhandlungen, sollten Sie auf die Kooperation des Notars mit einem Mediator der psychosozialen Fachrichtung setzen.

Paare, die über sehr geringe finanzielle Mittel verfügen, sollten sich im Falle einer Anwaltsmediation über die Möglichkeit der Finanzierung der Mediation über die Prozeßkostenhilfe erkundigen.

Mediationsangebote im Vergleich

Angebot	positiv/ geeignet für Paare	negativ/ ungeeignet für	Kosten	Tip/Ratschlag
Jugendamt	– mit Kindern – wenig Konfliktpotential	– kinderlose Paare – sehr zerstrittene Paare	keine	– In jedem Fall bei Paaren mit Kindern – evtl. nur Erstgespräch führen
Familiengericht	– mit Kindern – bei drohendem Rechtsstreit	– kinderlose Paare – Paare ohne Trauschein	keine	Falls es das Angebot in Ihrer Stadt gibt und ein Rechtsstreit droht
Kirchliche Beratungsstellen	– mit Kindern – mit hohem Konfliktpotential	Paare mit Ressentiments gegen die Kirche	in der Regel keine	– Auf Mediation bestehen, keine Scheidungsberatung durchführen – Fragen Sie nach der Ausbildung des Mediators
Freie Träger	– mit Kindern – mit hohem Konfliktpotential	Paare, die nicht die geringsten Kosten tragen können	in der Regel geringer Kostenanteil	Fragen Sie nach der Ausbildung des Mediators
Psychosoziale Praxis	– mit schwerwiegenden Problemen – mit Kindern – ohne Trauschein – mit hohem Konfliktpotential	Paare, die keine Kosten tragen können	volle Berechnung	Kosten aushandeln, fragen Sie nach einer Kostenübernahme durch die Kasse (Privatpatienten)
Juristische Praxis	– ohne Kinder – mit geringem Konfliktpotential – ohne Trauschein	– Paare, die keine Kosten tragen können – Paare mit Kindern	volle Berechnung nach Streitwert oder Pauschalhonorar	– Kosten aushandeln – Fragen Sie nach der Einstellung des Juristen zur Mediation – Fragen Sie nach der Prozeßkostenhilfe

Wie bereits angedeutet, arbeiten in der Praxis Mediatoren verschiedener Fachrichtungen, meist psychosozialer und juristischer, zusammen.

Die verschiedenen Beratungsstellen arbeiten meist auch mit unterschiedlichen Mediationsmodellen. So hat beispielsweise die Ehescheidung bei einem freien Träger einen anderen Stellenwert als bei einer Beratungsstelle der Katholischen Kirche. Bei sämtlichen Modellen sollten Sie darauf achten, daß Ko-Mediation mit gegengeschlechtlichen Mediatoren stattfindet. Findet das Mediationsverfahren beispielsweise nur bei männlichen Mediatoren statt, fühlt sich in der Regel eine Frau nicht so gut beraten. Das gleiche gilt selbstverständlich auch für Männer, die ausschließlich mit weiblichen Mediatoren zusammenarbeiten.

Das Mediationsverfahren

Sie haben sich nun mit der »Psychologie der Trennung« beschäftigt, Sie erfuhren, was Sie in einem Scheidungsverfahren vor Gericht erwartet und Sie wissen in den Grundzügen, was Mediation ist, wer sie durchführt und wo Sie sie erhalten können. Jetzt sind Sie sicher schon gespannt, wie das Mediationsverfahren ganz konkret abläuft, was Sie beachten müssen und was auf Sie zukommt, um die schwierige Lage in den Griff zu bekommen. Das in diesem Kapitel vorgestellte Mediationsverfahren kann auch für Paare ohne Trauschein eine sehr gute Möglichkeit sein, die vielleicht langjährige Beziehung ohne Verlierer zu beenden.

Ein besonderes Augenmerk wird auf das Sorgerecht und die Rolle Ihrer Kinder im Trennungsprozeß gerichtet.

Das Mediationsverfahren besteht zunächst aus einer Einführung und Orientierung. Die daran anschließende Verhandlungsphase ist der Hauptteil, in der Abschlußphase werden die Ergebnisse schriftlich festgehalten, und der Weg in das juristische Verfahren wird geebnet.

Die Einführung und Orientierung

Bevor Sie sich zu einem ersten Anruf bei einer Beratungsstelle entschließen, müssen Sie sich entscheiden, welches Angebot in Frage kommt. Sie sollten sich mit Ihrem Partner absprechen, alle Möglichkeiten abwägen und prüfen, welche Angebote in Ihrer Umgebung möglich sind. Eine ausführliche Adreßliste im Anhang und die Übersicht »Mediationsangebote im Vergleich« (s. S. 52) wird Ihnen eine wichtige Entscheidungshilfe sein.

Der Erstkontakt

Ihr erster Kontakt zu einem Mediator erfolgt normalerweise über einen Anruf an der entsprechenden Stelle. Sie werden erklären, daß Sie sich in einer Trennungs- und Scheidungssituation befinden und sich helfen lassen wollen, da Sie von der Möglichkeit, eine Mediation in Anspruch zu nehmen, gehört haben. Zunächst wird Ihr Informationsstand abgeklärt und geprüft, ob Sie wirklich an einer Mediation interessiert sind, ob Sie eher eine Rechtsberatung suchen, oder ob nicht besser eine Paartherapie in Frage kommt. Lassen Sie sich von den Fragen des Telefonpartners nicht abschrecken. Sie wissen ja, was Sie wollen; die Fragen dienen nicht dazu, Sie abzuwimmeln, sondern sind die Vorbereitung für eine erfolgversprechende Mediation.

Sind alle grundsätzlichen Punkte geklärt, wird es je nach der internen Organisation der Beratungsstelle zu einer Terminvergabe für eine erste Telefonberatung oder vielleicht schon einen Mediationstermin geben. In der Regel wird vorab über die Merkmale der Mediation aufgeklärt und darauf hingewiesen, daß Mediation vor allem dann erfolgversprechend ist, wenn beide Partner an den Sitzungen teilnehmen. Es wird auch abgeklärt, ob Sie Kinder mitbringen wollen und inwieweit diese an einzelnen Sitzungen teilnehmen sollen.

Die Frage nach eventuell anfallenden Kosten sollen Sie nicht scheuen. Je klarer und offener alle Anliegen abgeklärt werden, um so erfolgversprechender wird sich das Mediationsverfahren gestalten. Rechnen Sie für einen ersten Termin mit zwei bis vier Wochen Wartezeit und erkundigen Sie sich, welche Informationen Sie zur ersten Sitzung mitbringen sollen, um am Erfolg des Verlaufs mithelfen zu können.

Den ersten Kontakt am Telefon können Sie mit der nebenstehenden Checkliste so gestalten, daß Ihre Fragen zielgerichtet sind und alle wesentlichen Punkte zu Sprache kommen.

Checkliste: Fragen bei der Terminvereinbarung am Telefon

- Wir sind seit ... Jahren verheiratet und wollen uns scheiden lassen, bieten Sie Mediation an?
- Welche Erfahrungen haben Sie mit Mediation?
- Können wir bei Ihnen eine Mediation erhalten, wenn wir nicht verheiratet sind?
- Ist es möglich, zwischen einem Mediator und einer Mediatorin zu wählen?
- Können wir unsere Kinder mitbringen?
- Ist eine Betreuungsmöglichkeit für Kinder während der Sitzungen vorgesehen?
- Bieten Sie auch Rechtsberatung an?
- Ist in Ihrem Haus auch eine Paartherapie/Familientherapie möglich?
- Welche Kosten kommen auf uns zu?
- Wann können wir den ersten Termin bekommen?

Der erste Termin

Kommt es zum ersten Termin, an dem Sie mit Ihrem Partner teilnehmen können, wird der Mediator mit Ihnen nochmals klären, was Sie hergeführt hat, beziehungsweise wer die Initiative ergriffen hat. Hintergrund der Anfangsfragen ist die Anerkennung der Konflikte durch beide Partner. Glaubt beispielsweise Ihr Partner, daß er gar keinen Konflikt mit Ihnen hat, kann auch keine Verhandlung geführt werden. Hier wird der Mediator sehr schnell erkennen, in welcher Phase Sie sich mit Ihrem Partner befinden. Können Sie sich gemeinsam darauf einigen, Vereinbarungen über Trennung und Scheidung ausarbeiten zu wollen, ist es wichtig, daß Sie beide klar formulieren, damit einverstanden zu sein, an einem Mediationsverfahren teilnehmen zu wollen.

Der Mediator wird Ihnen dabei die Merkmale der Mediation erklären, auf Grenzen der Mediation hinweisen und Regeln formulieren. Der Mediator steht unter absoluter Schweigepflicht, auch das wird er vermutlich hervorheben. Es muß Ihnen auch klar sein, daß er niemals in einem Scheidungsverfahren vor Gericht als Zeuge fungieren kann. Es wird in der Regel informiert, welche Unterschiede zwischen Mediation und Therapie oder Rechtsberatung bestehen. Auch eine Erläuterung des Rechtsverfahrens vor Gericht, eine Aufklärung über die Rolle des Jugendamts, der Rechtsanwälte, der Richter und vor allem auch der Kinder wird in der ersten Phase der Mediation vorgenommen. Es ist ratsam, sich auf jede Mediationssitzung gut vorzubereiten. Dies gelingt Ihnen am besten, wenn Sie zu Hause alles aufschreiben, was Sie den Mediator fragen wollen. So können Sie nichts vergessen und sparen sich Zeit und spätere Umstände. Der Mediator wird beim Erstgespräch auch Ihre Personalien einholen. Er erfährt sehr viel über die Geschichte Ihrer Partnerschaft. Auch Ihre emotionale Befindlichkeit und Ihre Art, wie Sie mit Ihrem Partner umgehen, wird schon sehr deutlich. In manchen Fällen kann der Mediator zu dem Schluß kommen, daß Sie (noch) nicht so weit sind, eine Mediation durchzuführen, da beispielsweise das Konfliktpotential zu hoch ist. Sie können sich jedoch sicher sein, daß Sie dann »nicht einfach nach Hause geschickt werden«, sondern, daß Sie in Frage kommende weitere Schritte besprechen können. Ist die Mediation mit Kosten verbunden, wird konkret vereinbart, wer wieviel auf welchem Weg (bar oder Überweisung) entrichtet. An dieser Stelle zeigt sich bereits der Kooperationswille der Partner.

Am Ende der Einführungsphase der ersten Mediationssitzung sollte Ihnen klar sein, ob Sie sowohl mit der Mediation als in Frage kommende Methode der Konfliktbewältigung, wie auch mit dem Mediator als Person einverstanden sind. Ist letzteres nicht der Fall, sollten Sie dies offen ansprechen. In vielen Beratungsstellen sind mehrere Mediatoren beschäftigt, und es wird Ihnen niemand verübeln, wenn Sie den Wunsch äußern, beispielsweise lieber mit einer Frau zu arbeiten als mit einem Mann. Darüber hinaus steht es Ihnen selbstverständlich offen, die Beratungsstelle zu wechseln.

Um die Verbindlichkeit der zu vereinbarenden Punkte zu unterstreichen und den Mitwirkungswillen des Paares zu steigern, gehen immer mehr Beratungsstellen dazu über, die Partner Mediationsverträge unterschreiben zu lassen. Der Vertrag hat in erster Linie eine Innenwirkung. Das heißt, daß der zwischen Ihnen und Ihrem Partner geschlossene Vertrag zunächst keine juristische Verbindlichkeit hat. Er dient bei verheirateten Paaren als Grundlage für die Urteilsverkündung des Gerichts im Falle der Scheidung. Nicht verheiratete Paare können den Vertrag notariell beglaubigen lassen. Die Möglichkeiten, die Vereinbarungen in eine rechtsverbindliche Form zu bringen, sind vielfältig und von Paar zu Paar verschieden. Der Mediator wird Ihnen mit Rat und Tat zur Seite stehen. Im Erstgespräch ist es üblich, über die spätere Form der »Verbindlichmachung« der vereinbarten Punkte zu sprechen. Ob Sie Ihren Vertrag dann beim Notar, vor Gericht, beim Rechtsanwalt, beim Mediator oder in sonst einer Weise in eine für Sie stimmige verbindliche Form bringen, ist allein Ihr Entschluß und sollte erst am Ende des Mediationsverfahrens gefällt werden.

Die Einführungs- und Orientierungsphase wird so kurz wie nötig gehalten. Wie lange diese Phase dauert, hängt neben der Qualifikation des Mediators in entscheidender Weise vom Informationsstand des Paares ab. In welcher Trennungsphase der einzelne Partner steckt und wie konfliktgeladen die Partner an die Problemlösung herangehen, ist ein weiteres wichtiges Kriterium. In der Regel können diese Punkte in 30 bis 40 Minuten abgehandelt werden. In manchen Fällen genügen 10 Minuten, wenn das Paar sehr gut über Mediation Bescheid weiß und ein geringes Konfliktpotenial in sich trägt. In anderen Fällen werden mehrere Termine benötigt, da beispielsweise die Kommunikationsfähigkeit des Paares sehr schlecht ist oder ein Partner zwar mitkommt, jedoch an gar keiner Trennung interessiert ist.

Die folgende Checkliste hilft Ihnen bei der Vorbereitung für Ihr erstes Gespräch in der Beratungsstelle.

Checkliste:
Fragen an den Mediator im ersten Beratungsgespräch

- Wo liegt der Unterschied zwischen Mediation und Paar- oder Familientherapie?
- Wie ist der Verlauf der Mediation?
- Inwieweit bieten Sie auch Rechtsberatung an?
- Was brauchen wir für die Scheidung vor Gericht? (Kriterien, Unterlagen, Voraussetzungen)
- Welche Rolle hat das Jugendamt?
- Was sollen wir bei der Auswahl der Anwälte beachten?
- Können wir die Scheidung mit nur einem Anwalt durchführen?
- Welche Kosten kommen auf uns zu?
- Wie können wir die Zahlungsmodalitäten regeln?
- Was können wir tun, damit die Mediation erfolgreich verläuft?
- Wie sollen wir es den Kindern sagen?
- Wie können wir mit unserer augenblicklichen Situation umgehen?

Die Verhandlungen

Die Verhandlungsphase beginnt mit der Klärung der Verhandlungspunkte, meist bereits im ersten Gespräch. Der Mediator wird Sie zunächst nach aktuellen Problemen fragen, Problemen, die nicht aufgeschoben werden können. Beispielsweise kann es vorkommen, daß das Paar noch keine Entscheidung gefunden hat, wie die Betreuung der Kinder am nächsten Wochenende gestaltet werden kann. Bevor die aktuellen Konfliktpunkte nicht besprochen worden sind, existiert keine Verhandlungsbasis für Regelungen künftiger Sachverhalte. Erst, wenn die Köpfe der Partner von ganz nahen Sorgen befreit sind, beginnt der Mediator mit den »eigentlichen« Verhandlungen.

Zunächst werden alle Regelungspunkte gesammelt. Der Mediator hat verschiedene Möglichkeiten, sämtliche Streitpunkte zu ermitteln. Er wird alle von Ihnen angesprochenen Punkte aufnehmen und visualisieren. Dies geschieht in Form zweier Listen. Jeder Partner wird dabei den Auftrag erhalten, für sich eine Rangliste der Prioritäten zu entwerfen. In einem nächsten Schritt wird der Mediator versuchen, eine Übereinkunft über die Reihenfolge der Verhandlungspunkte zu erzielen. Es kann davon ausgegangen werden, daß es keine ideale Reihenfolge der zu behandelnden Themenpunkte gibt. Es gibt zwar Mediatoren, die eine bestimmte Reihenfolge vorschlagen – z. B.: der Unterhalt soll vor dem Vermögen geregelt werden, oder: die Verhandlungen über das elterliche Sorgerecht sollten erst nach den Vermögens- und Unterhaltspunkten geführt werden –, Sie sollten jedoch in jedem Fall eine Reihenfolge vereinbaren, die Ihren Bedürfnissen und Interessen entspricht. In der Praxis hat es sich als vorteilhaft erwiesen, mit einfacheren Punkten zu beginnen und erst am Schluß die Themen, die besonders strittig sind, zu behandeln.

Fallbeispiel: Reihenfolge der zu verhandelnden Punkte

In der ersten Mediationssitzung wird mit dem scheidungswilligen Paar Eva und Jörg alles soweit besprochen, daß mit den ersten Verhandlungen begonnen werden kann. Der Mediator fordert nun jeden Partner auf, zunächst für sich eine Hierarchieliste der zu verhandelnden Punkte zu notieren.

Es hat sich bewährt, die Punkte nicht sofort abzufragen, sondern beide Partner erst einmal für sich die Überlegungen anstellen zu lassen. Der langsamere hat dann genug Zeit für die eigenen Gedanken, ohne beeinflußt zu werden.

Sind beide Partner fertig, trägt der Mediator die Ergebnisse in folgende Tabelle ein:

Priorität	Eva	Jörg
1	Wohnungsauflösung	Unterhalt
2	Unterhalt	Betreuung
3	Betreuung	Vermögen
4		Hausrat

Der Meditatior wendet sich an Eva und läßt sich die Prioritätenliste erklären. Eva führt aus, daß es für sie das Wichtigste sei, so schnell wie möglich auszuziehen und den gemeinsamen Haushalt aufzulösen. Dann müsse darüber nachgedacht werden, wieviel Unterhalt ihr und dem gemeinsamen 15jährigen Sohn zustünden und wie das Umgangsrecht des Sohnes mit seinem Vater geregelt werden könne.
Dann kommt Jörg zum Zuge. Die für ihn wichtigste Frage ist die des Ehegatten- und Kindesunterhalts. Bevor diese Punkte und die Betreuungsregelung nicht klar seien, wäre er auch nicht bereit, über die Haushaltsauflösung und Vermögensteilung zu verhandeln. Er fügt hinzu, daß Eva sich längst hätte ein Arbeit suchen können und der Sohn alt genug sei, um für sich selbst zu sorgen.
In der Mediation wird an dieser Stelle noch nicht in die tiefere Problematik einzelner Verhandlungspunkte eingestiegen, da ja noch gar nicht klar ist, worüber in welcher Reihenfolge verhandelt wird.
Der Mediator faßt zusammen, indem er zu Eva sagt, daß sich die Situation für ihn so darstellt, daß es für sie das Wichtigste sei, die Trennung so schnell wie möglich über die Bühne zu bekommen und sie Klarheit bräuchte, wieviel Unterhalt ihr zustehe. Der Mediator sagt zu Jörg, daß es für ihn wichtig sei zu wissen, wieviel Unterhalt er bezahlen müsse. Beide Partner nicken zustimmend. Der Mediator schlägt vor, den Punkt mit der Betreuung des Sohnes nachrangig zu behandeln, da zuerst eine Regelung der Wohnsituation gefunden werden müsse. Der Mediator fragt das Paar nach der augenblicklichen Wohnsituation. Er erfährt, daß Eva seit zwei Wochen bei einer Freundin wohnt und dort wieder ausziehen muß. Sie erklärt, daß sie auf keinen Fall wieder mit Jörg in einem Raum schlafen werde und jetzt nicht wisse, wo sie hin soll, da sie kein Geld für eine eigene Wohnung habe.
Der Mediator schlägt vor, zuerst die Wohnungssituation von Eva zu behandeln, um dann darauf aufbauend zu einer Unterhaltsregelung zu kommen. Jörg erkennt, daß das akute Problem von Eva auch für seine Interessen vorrangig behandelt werden muß. Die Umformulierung von »Wohnungsauflösung« in »Wohnsituation« führt zu einer Entschärfung, da Jörg so nicht mehr fürchten muß, daß plötzlich alles auseinanderbricht. Das Interesse von Eva bleibt weiterhin berücksichtigt. Jörg stimmt zu, beide Partner einigen sich auf die Reihenfolge:

Priorität	Eva und Jörg
1	Verhandlung der Wohnsituation
2	Verhandlung des Unterhalts
3	Unterhalt und Betreuung des Sohnes
4	weitere Punkte

In den Äußerungen des Paares steckt viel Konfliktpotential. Es ist keine Aufgabe der Mediation, herauszufinden, warum Eva nicht mehr mit Jörg in einem Raum schlafen will. Die Frage nach Schuld oder Ursachen werden nicht behandelt. Es geht darum, eine Lösung zu finden, wie Eva ihr eigenes Leben in einem gewissen privaten Schutzraum aufbauen kann. Weiter geht es darum, daß Jörg nach der Trennung von Eva nicht in den Ruin getrieben wird. Der Mediator unterstützt das Paar bei der sachlichen Diskussion, wie die Trennung räumlich vollzogen werden kann. Alternativen werden überprüft, variiert und eventuell wieder verworfen. Die Partner sollen eine für sie tragfähige Lösung des Problems entwickeln. Der Mediator wird aufpassen, daß die Verhandlungen über der Gürtellinie geführt werden, jeder seine Interessen wahren kann und nicht über Positionen gestritten wird.

Es sollte Ihnen immer bewußt sein, daß der Mediator zwar für den Prozeß der Verhandlungen verantwortlich ist, nicht aber für die Inhalte. Worüber verhandelt wird und was am Ende als Ergebnis herauskommt, bleibt in Ihrer Verantwortung.

Haben Sie sich auf eine bestimmte Reihenfolge der Verhandlungspunkte geeinigt, wird ein Punkt nach dem anderen durchgesprochen. Dabei kann es nötig sein, die Reihenfolge abzuändern oder kurzfristig zu verlassen. Sie sollten sich auf eine offene und flexible Struktur des Mediationsprozesses einstellen.

Die einzelnen Konfliktfelder sind sich im Grunde bei jeder Trennung sehr ähnlich. Sind Kinder aus der Beziehung hervorgegangen, muß die elterliche Sorge und der Kindesunterhalt geregelt werden. Ist das Paar verheiratet, muß die Unterhaltsfrage geklärt werden, bei nichtverheirateten Paaren kann dieser Punkt ebenso eine Rolle spielen. Gemeinsames Vermögen, der Versorgungsausgleich, die Wohnung, der Leasingvertrag, die Fotoalben, der Hausrat, die Haustiere und die verschiedensten weiteren Dinge der gemeinsamen Beziehung stehen zur Debatte. Sämtliche Streitpunkte werden nach einer bestimmten Logik der Verhandlungsführung behandelt. In der Praxis hat es sich gezeigt, daß die Verhandlungsführung in sechs Schritten am geeignetsten ist:

1. Sammeln, Überprüfen, Verstehen und Offenlegen der Fakten

Der Mediator wird versuchen, Informationen über die Art des Problems herauszubekommen. Er wird Ihre Positionen herausfinden und die Tragweite und Verstrickung des Konfliktfelds erkennen. Ihre Interpretationen zum objektiv gleichen Sachverhalt werden sich vermutlich oft deutlich von den Interpretationen Ihres Partners unterscheiden. Es besteht bei vielen Paaren die Tendenz, Problemsituationen einseitig zu definieren und die Lösung gleich mitzuformulieren. Die Lösung ist dann meist so, daß der Partner seine Position ändern muß. Gleichzeitig neigen Paare in Konfliktsituationen dazu, in verdeckten Aussagen sich als die richtig handelnde Person und den Partner als die falsch handelnde hinzustellen. Der Mediator wird versuchen, Ihre Problematik zu verstehen und die unterschiedlichen Positionen gegenseitig darzustellen.

Zum Sammeln der Fakten müssen Sie die Bereitschaft mitbringen, sämtliche Zahlen und Daten offenzulegen. Viele Mediatoren verwenden hierzu Arbeitsbögen und Fragelisten, die Sie ausfüllen müssen und auch belegen sollten. Die Offenlegung aller Fakten ist absolut entscheidend für den Verlauf der Verhandlungen. Viele Partner erfahren in den Mediationssitzungen oft zum erstenmal Details über wichtige Punkte wie Vermögen, Einkommen und Versicherungsverträge ihres Partners.

2. Eruieren der Interessen und Bedürfnisse des Paares

Der zweite Schritt ist das Herausfinden Ihrer Interessen, Bedürfnisse und Ängste. Während es im ersten Schritt um sehr konkrete Dinge ging, wird hier herausgearbeitet, was hinter den Positionen und Fakten an Gefühlen steht. Zukunftsängste und Wunschvorstellungen können hier zur Sprache kommen. Es erfordert von Ihnen viel Einfühlungsvermögen in die eigene Situation und Person. Hinter der Position, im Monat 4000 Mark zu benötigen, steht vielleicht das Interesse, sich »zum Trost« ein teures Hobby leisten zu können. Hinter der Position, auf jeden Fall das alleinige Sorgerecht für die Kinder beanspruchen zu wollen, steht vielleicht die Angst, die Kinder ganz zu verlieren. Je mehr Sie sich über Ihre Interessen im klaren sind, um so besser können Sie in eine Verhandlungskultur ohne Gewinner und Verlierer einsteigen. Sie werden erkennen, daß auf der Interessenebene »die Welt viel größer wird«, und die emotionale Konfliktgeladenheit abnimmt zugunsten eines besseren Verständnisses für den Partner.

3. Wechselseitiges Definieren des Problems

Die wechselseitige Definition Ihres Problems basiert auf den ersten beiden Schritten der Verhandlung. Der Mediator trägt alle Informationen zusammen und bezieht einseitige Problemdefinitionen beider Partner mit ein. Er ermutigt dann jeden Partner dazu, das Problem so zu definieren, daß auch der Standpunkt des anderen Partners miteinbezogen wird. Er wird Ihnen bei der jeweiligen Formulierung helfen und versuchen, zu einer gemeinsamen Problemdefinition zu kommen. Es ist sinnvoll, das Problem auf einer Flip-chart zu visualisieren oder einfach schriftlich auf einem Papier festzuhalten. Erst wenn es Ihnen gelingt, eine gemeinsame Problemdefinition zu finden, ist die Grundlage für eine gemeinsame Lösung geschaffen. Dieser Schritt kann länger dauern, als Ihnen lieb sein mag. Oftmals fällt der weitere Prozeß auf diesen Punkt zurück, da das Problem im Laufe der Verhandlungen neu definiert werden muß. Das kann daran liegen, daß neue Fakten hinzugekommen sind, das Problem nicht exakt genug formuliert war oder sich Rahmenbedingungen verändert haben.

4. Entwickeln von Alternativen

Auf der Grundlage der wechselseitigen Problemdefinition werden alternative Lösungsmöglichkeiten entwickelt. Auch völlig absurde Alternativen dürfen genannt werden. Der Mediator wird alles festhalten und Sie immer wieder ermutigen, weitere Möglichkeiten zu entwickeln. Es soll an dieser Stelle noch zu keiner Bewertung kommen. Auch der Mediator wird hier eventuell den einen oder anderen Vorschlag formulieren. Denkanstöße erhalten Sie, wenn Sie sich beispielsweise vorstellen, wie die Lage in fünf Jahren sein sollte. Sind alle denkbaren Lösungsansätze formuliert, können sie geordnet werden. Es ist der Methodenwahl des Mediators überlassen, wie er hier vorgeht. Möglich wäre beispielsweise die Ordnung nach vier Kategorien:

1. Hier hat der Mann mehr Vorteile.
2. Hier hat die Frau mehr Vorteile.
3. Hier ist ein ausgewogenes Verhältnis.
4. Völlig undenkbarer Vorschlag.

5. Verhandeln der unterschiedlichen Lösungsvorschläge

Erst jetzt wird verhandelt. Die Verhandlung wird auf der Basis der alternativen Lösungsmögichkeiten geführt. Möglichkeiten, die für beide Partner nicht in Frage kommen, können sofort ausgeschlossen werden. Die Lösungsvorschläge werden darauf überprüft, ob sie wechselseitig definiert sind und sich auf die Interessen der Partner beziehen. Hat ein Lösungsvorschlag dieses Kriterium erfüllt, kann er schon als Möglichkeit in Betracht gezogen werden. Die eine oder andere Möglichkeit müssen Sie vielleicht noch mit einer Bedingung verknüpfen, um sie akzeptieren zu können. Hat jeder Partner ein oder zwei Möglichkeiten mit oder ohne Zusatzbedingung für sich als Lösung formuliert oder akzeptiert, wird der Mediator das Ergebnis zusammenfassen oder gegebenenfalls visualisieren. Sie werden erstaunt sein, wie nahe sich Ihre unterschiedlichen Ansätze kommen. Aus den zu Beginn der Verhandlung formulierten gegnerischen Positionen sind nun tragfähige Lösungsmöglichkeiten geworden. Oft entsteht dann sofort eine gemeinsame Lösung. In anderen Fällen wird Ihnen der Mediator dabei helfen, sie zu finden. Manchmal kann es auch nützlich sein, die gemeinsame Lösung erst einmal zurückzustellen und mit einem anderen Konfliktfeld fortzufahren, um dann zu einem späteren Zeitpunkt in Verbindung mit anderen Teillösungen zu einer gemeinsamen Vereinbarung zu kommen.

6. Entwickeln und Formulieren einer Vereinbarung

Der letzte Schritt der Verhandlungen knüpft nahtlos am vorhergehenden an. Wichtigstes Merkmal ist hierbei die schriftliche Fixierung Ihrer Übereinkunft. Es hat sich in der Praxis gezeigt, daß manche Vereinbarungen erst erprobt werden müssen, um über die endgültige Tragfähigkeit entscheiden zu können. So vereinbaren beispielsweise viele Paare bezüglich der Kindesbetreuung erst einmal eine Probephase von drei Monaten, um dann zu sehen, ob die Lösungsvorschläge wirklich funktionieren.

Im folgenden soll auf die konkreten einzelnen Verhandlungspunkte eingegangen werden. Jeder Verhandlungspunkt beziehungsweise jedes Konfliktfeld ist in sich abgeschlossen. Es ist also egal, ob Sie sich zunächst mit der Frage der elterlichen Sorge oder des Unterhalts befassen. Die Fallbeispiele sind exemplarisch auf der Grundlage vieler Mediationssitzungen und Interviews zusammengestellt. Die Checklisten sollen Sie für die Erstellung eigener, auf Ihre Bedürfnisse zugeschnittenen Checklisten inspirieren.

Die elterliche Sorge

Verhandlungen über die elterliche Sorge und die konkrete Umsetzung der Betreuung der Kinder nimmt in der Mediation in der Regel einen breiten Raum ein. In vielen Fällen findet ausschließlich eine Sorgerechtsmediation statt. Der Mediator wird mit Ihnen die verschiedenen Möglichkeiten der Sorgerechtsgestaltung besprechen. Dabei wird er auch Aufklärungsarbeit über mögliche Scheidungsfolgen bei Kindern leisten und auf die positiven Auswirkungen der Mediation für Kinder hinweisen.

Der Mediator wird Ihnen durch seine Verhandlungsführung helfen, das geeignete Sorgerechtsmodell herauszufinden. Nur einen übereinstimmenden Vorschlag können Sie als Ehepaar an das Familiengericht richten. Es ist dann die Entscheidung des Gerichts, wie die elterliche Sorge geregelt wird. An den elterlichen Vorschlag ist das Familiengericht bei seiner Entscheidung jedoch gebunden, solange das Wohl des Kindes keine abweichende Regelung erfordert. Der elterliche Vorschlag läßt in der Regel das

Gericht darauf schließen, daß die Eltern die Bindungen des Kindes kennen und der Elternwunsch auch dem Wohl des Kindes am nächsten kommt. Ihr übereinstimmender Vorschlag ist für die Zukunft nicht bindend und kann später (eventuell nach einigen Jahren) widerrufen werden. Der Vorschlag der Eltern soll klar und eindeutig formuliert sein, unterliegt aber gewissen Regeln. So wäre es beispielsweise unzulässig zu vereinbaren, die einseitige elterliche Sorge bis zu einem bestimmten Zeitpunkt (z.B. Schuleintritt des Kindes) einem Elternteil zuzuschreiben und danach dem anderen Elternteil. Der Mediator in der psychosozialen Beratungsstelle wird in jedem Fall die Elternvereinbarung von den Sie vertretenden Rechtsanwälten oder einem Anwalt, der das Vertrauen von Ihnen beiden hat, prüfen lassen, um die Tragfähigkeit der Übereinkünfte vor Gericht zu gewährleisten.

Nach der Trennung werden bei einseitiger elterlicher Sorge beide Partner sehr unterschiedliche Lebensbedingungen haben. Während der sorgeberechtigte Elternteil oft mit der Betreuung der Kinder und deren Alltagssorgen überfordert ist, leidet der nicht sorgeberechtigte Elternteil darunter, daß er die Kinder zu selten sieht und sich von ihnen entfremdet. In der Mediation können Sie Vereinbarungen treffen, die die Betreuung so regeln, daß das Konfliktpotential eingeschränkt wird und Sie Ihre Elternschaft gemeinsam wahrnehmen können.

Für die Mediationsverhandlungen zur elterlichen Sorge beziehungsweise zu den Elternvereinbarungen sollten Sie sich gut vorbereiten. An viele Punkte werden Sie im Vorfeld vielleicht gar nicht denken. Es sind Punkte, die Ihr und das Leben Ihrer Kinder entscheidend betreffen. Die folgende Checkliste verdeutlicht den Umfang der elterlichen Sorge und ist gleichzeitig Grundlage für die Elternvereinbarung, die Sie am Ende des Mediationsprozesses formulieren und dem Jugendamt beziehungsweise Gericht vorlegen werden. Nichtverheirateten Eltern dient die Checkliste in gleicher Weise wie verheirateten Eltern.

Checkliste: 30 Fragen zur elterlichen Sorge und den Betreuungsregelungen

- 1. Welche Sorgerechtsform soll gelten (gemeinsames Sorgerecht, Sorgerecht bei der Mutter, Sorgerecht beim Vater)?
- 2. Haben Sie regelmäßige Elterngespräche vereinbart?
- 3. Wie oft finden die Elterngespräche statt (wöchentlich, monatlich, vierteljährlich, sporadisch)?
- 4. Wie und wo finden die Elternkontakte statt (telefonisch, schriftlich, mündlich bei der Übergabe der Kinder, immer, wenn die Kinder im Hallenbad beim Schwimmunterricht sind, immer, wenn die Kinder bei den Großeltern sind . . .)?
- 5. Wo wird der Hauptwohnsitz der Kinder sein?
- 6. Wird ein Zweitwohnsitz vereinbart?
- 7. Wird ein Betreuungskalender für die regelmäßigen Kontakte erstellt?
- 8. Welche Vereinbarung soll bei Krankheit oder Verhinderung eines Elternteils gelten?
- 9. Wie wird die Betreuung während der Schulferien aussehen (Weihnachten, Fasching, Ostern, Pfingsten, Sommer, Herbst)?
- 10. Wo werden die Kinder an Feiertagen sein (Heiligabend, 1. Weihnachtsfeiertag, 2. Weihnachtsfeiertag, Silvester, Ostersonntag, Ostermontag, Geburtstag des Kindes, Geburtstag der Mutter, Geburtstag des Vaters, sonstige Geburtstage naher Verwandter)?
- 11. Wie werden kurzfristige Veränderungen des Betreuungsplans besprochen?
- 12. Wer erhält das Kindergeld?
- 13. Werden Sie ein »Kinderkonto« einrichten?
- 14. Wer bezahlt wieviel und wann auf das Kinderkonto?
- 15. Wie werden größere Anschaffungen für die Kinder geregelt?

- 16. Welche Regelung soll für das Kindertaschengeld gelten?
- 17. In welcher Krankenkasse sollen die Kinder versichert sein?
- 18. Welche Versicherungen sollen für die Kinder abgeschlossen werden, und wie werden die Beiträge bezahlt?
- 19. Auf welcher Lohnsteuerkarte werden die Kinder stehen?
- 20. Wie wird mit Fragen der Aus- und Weiterbildung der Kinder verfahren?
- 21. Wie wird mit Geschenken an die Kinder umgegangen (Geschenke der Eltern, von Verwandten, Art der Geschenke, pädagogische und ökologische Orientierung, Preislimits . . .)?
- 22. Wie werden medizinische Entscheidungen getroffen?
- 23. Wie verfahren Sie bei Schwierigkeiten in der Schule?
- 24. Wie werden sonstige Problemfälle geregelt (Straffälligkeit, Drogen, Sekten, Vandalismus, sonstige Auffälligkeiten der Kinder)?
- 25. Wie werden religiöse Entscheidungen getroffen?
- 26. Wie werden sonstige Vereinbarungen getroffen (Haustiere, Musikunterricht, Sportverein, . . .)?
- 27. Wie wird der Kontakt zu Verwandten und Freunden der Eltern geregelt?
- 28. Wie wird mit neuen Lebenspartnern des Vaters, der Mutter umgegangen?
- 29. Welche Regelung gilt beim Wohnsitzwechsel eines Elternteils?
- 30. Falls Geschwister getrennt werden: Wie wird der Umgang zwischen ihnen geregelt?

Das gemeinsame Sorgerecht

Zum gemeinsamen Sorgerecht ist anzumerken, daß es nicht Resultat eines Kompromisses sein darf, der darauf schließen läßt, daß sich die Eltern nicht anders einigen konnten. Sehr häufig entschließen sich Eltern an einer Mediation teilzunehmen, da sie sich beide das gemeinsame Sorgerecht wünschen und nicht wissen, wie sie diese Aufgabe am besten lösen können.

Der Mediator ist hier gefordert, Sie eingehend mit allen Vor- und Nachteilen des gemeinsamen Sorgerechts für Ihre Kinder vertraut zu machen. Ist er davon überzeugt, daß Sie als Elternpaar nicht nur willens, sondern auch dazu in der Lage sind, ein gemeinsames Sorgerecht auszuüben, wird er Sie bei der Umsetzung voll unterstützen.

Haben Sie sich auf das gemeinsame Sorgerecht geeinigt, sollte die Betreuung der Kinder so gestaltet werden, daß beide Elternteile in die Welt des Kindes möglichst gleichwertig eingeschlossen sind.

Der wichtigste Punkt ist dabei die Regelung der Kontakte mit den jeweiligen Elternteilen, wobei beispielsweise darauf zu achten ist, daß Besuche an Werktagen und Sonn- und Feiertagen gleichberechtigt verteilt werden. Darüber hinaus gilt es, den Kontakt an besonderen Feiertagen, in den Schulferien, bei Geburtstagen, bei Urlaubs- und Krankheitstagen zu regeln. Aber auch Fragen zur schulischen und beruflichen Ausbildung, zur religiösen Erziehung, zu Ernährung und medizinischer Versorgung müssen gemeinsam und einvernehmlich beantwortet werden.

Ein »Betreuungskalender« und die obige Checkliste mit den Fragen zur elterlichen Sorge können gute Dienste für diese Sitzung leisten. Es ist hilfreich, wenn jeder Elternteil den Kalender nach seinen Vorstellungen ausfüllt und die Fragen für sich beantwortet. Der Mediator sollte mit den Eltern dann gemeinsam nach einer Lösung suchen.

Das folgende Beispiel eines Betreuungskalenders führt Ihnen anschaulich vor Augen, wie die gemeinsame Sorge im Laufe eines Monats konkret umgesetzt werden kann.

Beispiel eines Monats-Betreuungskalenders bei gemeinsamer elterlicher Sorge:

Januar	Kind bei der Mutter	Kind beim Vater	Bemerkungen
1 Mo	x		Neujahr
2 Di	x		
3 Mi	x		
4 Do		x	ab 9.00 Uhr
5 Fr		x	
6 Sa		x	
7 So		x	bis 18.00 Uhr
8 Mo	x		
9 Di	x		
10 Mi	x		
11 Do	x		
12 Fr	x		
13 Sa	x		
14 So	x		
15 Mo		x	
16 Di		x	
17 Mi		x	bis 18.00 Uhr
18 Do	x		
19 Fr	x		
20 Sa	x	x	ab 12.00 Uhr
21 So		x	bis 18.00 Uhr
22 Mo	x		
23 Di	x		
24 Mi	x		
25 Do	x		
26 Fr	x	x	ab 15.00 Uhr
27 Sa		x	
28 So		x	bis 20.00 Uhr
29 Mo	x		
30 Di	x		
31 Mi	x		

Erläuterungen:
Der Monatskalender wurde nach den individuellen Bedürfnissen der Eltern in Absprache mit dem Kind in der Mediationssitzung erstellt. Der eigentliche Lebensmittelpunkt des Kindes ist bei der Mutter. Die Wochenenden und Feiertage werden immer wieder aufs Neue vereinbart. Unter den »Bemerkungen« ist auch immer angegeben, ab bzw. bis zu welcher Uhrzeit das Kind beim Vater ist. Die Offenheit der Regelung schafft viel Variationspotential, so daß die Eltern auch mal ein längeres oder kürzeres Wochenende einplanen können. Sie setzt allerdings voraus, daß beide Elternteile ihren Berufsalltag flexibel einteilen können, was nicht oft der Fall sein wird.

Sie sollten sich bei einem derart unregelmäßigen Monatsplan darauf einstellen, daß im Laufe des Monats Änderungen vorgenommen werden müssen. Die Regelungen sollten in jedem Fall mit dem Kind abgesprochen werden. Nur zu leicht könnte sich das Kind »hin und her geschoben« fühlen. Sprechen Sie Ihre Wünsche offen mit Ihrem Partner und Ihrem Kind durch, Transparenz ist der Schlüssel für die Verwirklichung komplizierter Vereinbarungen. Sie sollten den Monatsplan mit einem Tesafilm am Kühlschrank, neben dem Telefon oder im Kinderzimmer in jeder Elternteilwohnung anbringen, so daß alle immer wissen, was vereinbart wurde. Glücken wird eine derartige Regelung vor allem bei Familien mit flexibler Arbeitszeit, niedrigem Konfliktpotential und hoher Disziplin.

Beispiel eines Jahres-Betreuungskalenders bei gemeinsamer elterlicher Sorge:

	Kinder bei der Mutter	Kinder beim Vater
Mo, Di, Do, Fr	x	
Mi		x
Wochenende (abwechselnd)	x	x
Weihnachtsferien		x
Faschingsferien	x	
Osterferien	x	
Pfingstferien	x	
Sommerferien (4 Wochen)		x
Herbstferien	x	

Hier wurde ein Jahreskalender erstellt, der die Kinderbetreuung grundsätzlich regelt. Sowohl die Wochenenden wie auch die Ferien- und Urlaubstage sind nach dem Grundsatz der Gleichberechtigung aufgeteilt. Der Vater hat die Kinder an jedem zweiten Wochenende und an jedem Mittwoch. Während die kurzen Ferienblöcke eher für die Mutter reserviert sind, »gehören« die Kinder in den Sommerferien für vier Wochen dem Vater.

Die Erstellung eines Jahresbetreuungskalenders ist sehr ratsam, sollte jedoch um einen Monatskalender ergänzt werden.

Mediation mit Kindern

Haben sich die Eltern in allen Punkten geeinigt, besteht in der Mediation die Möglichkeit, die Kinder hinzuzuziehen. Das Einladen der Kinder hat jedoch nur dann einen Sinn, wenn es der ausdrückliche Wunsch beider Eltern ist und sie bereit sind, die Vereinbarungen wieder abzuändern, wenn die Kinder Bedenken anmelden. Je älter (beziehungsweise reifer) die Kinder sind, um so wichtiger ist es, sie zu einem gemeinsamen Gespräch mitzunehmen.

Kommen die Kinder zur Mediationssitzung mit, wird sie der Mediator freundlich begrüßen und ihnen mit geeigneten Worten vorab die gesamte Situation erklären. Dabei wird der Mediator – mit der Unterstützung der Eltern – ein besonderes Augenmerk darauf verwenden, daß die Kinder nicht das Gefühl bekommen, sich nun für oder gegen einen Elternteil entscheiden zu müssen. Der Mediator wird den Kindern die Regelungen der Eltern erklären – dies gilt vor allem für den Betreuungskalender.

Kinder können oft wichtige neue Informationen einbringen, an die die Eltern nicht gedacht haben.

Oft haben Kinder Angst, daß sie Gefangene des elterlichen Betreuungsplans werden. Der Mediator wird erklären, daß es für die Kinder – wie bisher auch – nur eine Frage des Verhandelns mit dem jeweiligen in Betreuung stehenden Elternteil ist.

Der Ehegatten- und Kindesunterhalt

Eng verknüpft mit der elterlichen Sorge ist der Ehegatten- und Kindesunterhalt. Juristisch gibt es klare Richtlinien, wie der Ehegattenunterhalt und der Kindesunterhalt zu berechnen sind. In der Mediation geht es nicht darum, dem Klienten auszurechnen, wer wieviel Unterhalt an wen zu zahlen hat. Die vom Gesetzgeber entwickelten Bestimmungen, Formeln und Tabellen (beispielsweise die bekannte »Düsseldorfer Tabelle«) sind in der Mediation eine wichtige Orientierungshilfe, werden in der Regel jedoch nicht thematisiert. Zur Düsseldorfer Tabelle ist anzumerken, daß die Beträge reine Mindestbeträge sind. Die volle Verpflegung eines Kindes kann mit diesen Beträgen in der Regel nicht erfolgen.

Zur Unterhaltsberechnung ist anzumerken, daß es zum einen dem psychosozialen Mediator verboten ist, Rechtsberatung auszuüben, zum anderen entspricht die juristische Vorgehensweise nicht dem »Prinzip der Mediation«. Das Paar soll in der Mediation weitgehend selbständig Lösungen seiner eigenen Vorstellungen erarbeiten. Der Mediator hilft ihm dabei, seine Interessen herauszuarbeiten, zu formulieren und schriftlich zu fixieren. Gegnerschaftliche Positionierungen werden somit vermieden, da beide Partner daran arbeiten, eine gute Gesamtlösung zu entwickeln.

Die Verhandlungen über den Kindes- und Ehegattenunterhalt können beispielsweise damit begonnen werden, daß Ihnen als Hausaufgabe das Ausfüllen des Formblatts »Die Einkünfte des Paares/der Familie« aufgetragen wird.

Tabelle: Die Einkünfte des Paares/der Familie

Einkünfte	Mann	Frau	Kind/Kinder
1/12. Jahresgehalt			
selbst. Tätigkeit			
Honorare			
Zinsen			
Provisionen			
sonst. Einkünfte			
Mieteinnahmen			
Gewinnertrag			
Stipendien, BAföG			
Zuwendung von Eltern			
Unterhalt			
Kindergeld			
Erziehungsgeld			
sonst. staatliche Unterstützung			
Summe:			
Geldwerte Leistungen:			
Firmenwagen			
Firmenwohnung			
Freies Wohnen (selbstgenutzte Eigentumswohnung der Eltern)			

Sie sollten die Tabelle Ihrer individuellen Situation entsprechend anlegen und alle Beträge pro Monat errechnen. Insbesondere das monatliche Einkommen sollte anhand der letzten Steuerkarte berechnet werden und nicht nur auf dem letzten Lohnauszug beruhen. Viele Beträge werden zunächst geschätzt werden müssen und zu einem späteren Zeitpunkt erst verbindlich formuliert. Schätzungen über die Höhe geldwerter Vorteile sollten sich an einem unteren Preisniveau orientieren, um das Einkommen nicht künstlich zu übersteigern.

Informationsmaterial in Form von Broschüren oder die »Düsseldorfer Tabelle« kann Ihnen helfen, realistische Berechnungen aufzustellen. In der Mediationssitzung werden dann die aufgestellten Daten des Paares zusammengetragen, sie dienen als Basis der Unterhaltsverhandlungen.

Eine erfolgversprechende Möglichkeit ist es, die Unterhaltssitzungen in vier Schritten aufzubauen:
1. Sammeln des Einkommens jedes Partners,
2. Haushaltsplanung jedes Partners,
3. Kindesunterhalt,
4. Überbrückung der Differenz zwischen Einkommen und Aufwendungen.

Diese vom amerikanischen Mediator Haynes vorgeschlagene Vorgehensweise sei im folgenden erläutert.

Das Sammeln des Einkommens

Die zu Hause ausgefüllten Formblätter werden in der Mediationssitzung durchgesprochen. Sie müssen die Beträge anhand von Steuererklärungen, Rechnungen und Kontoauszügen belegen können. Das monatliche Einkommen jedes Partners errechnet der Mediator, indem er sämtliche Jahreseinkünfte aus Arbeitsentgeld, Zinsen, Dividenden, zusätzlichen Leistungen vom Arbeitgeber, Einkünfte aus Beteiligungen, Immobilien, Erbschaften und so weiter, addiert und durch 12 teilt. Auch geldwerte Vorteile wie Firmenwagen oder selbstgenutzte Immobilien finden Berücksichtigung. Um das monatliche Nettoeinkommen zu erhalten, werden die Aufwendungen für Versicherungen, Steuern und weitere Aufwendungen und Abzüge subtrahiert. Inwieweit der eine oder andere Posten mit einbezogen werden soll, entscheiden die Konfliktpartner in ihren Verhandlungen. Der Mediator visualisiert und moderiert ihre Ausführungen. In manchen

Fällen kann es nötig sein, einzelne Punkte auf die nächste Sitzung zu vertagen, da beispielsweise bei der Landesversicherungsanstalt oder beim Steuerberater noch weitere Informationen eingeholt werden müssen.

Die Haushaltsplanungen

Hier wird ähnlich verfahren wie bei der Einkommensberechnung. Die Haushaltsplanung ist jedoch meist etwas komplizierter. Dies liegt vor allem daran, daß sich viele laufende Kosten mangels Erfahrung nur sehr schwer einschätzen lassen. Es ist hilfreich, zwischen festen Ausgaben, wie beispielsweise Wohnung, Versicherungen, Ratenzahlungen, Ausbildungskosten, Beiträgen und Fahrtkosten, und beweglichen Ausgaben, wie Ernährung, Kleidung, Kfz, Haushaltshilfe, Instandhaltungskosten, medizinische Versorgung, Kosmetik, Kultur, Freizeit und Urlaub, zu unterscheiden.

Der Mediator muß darauf bestehen, daß beide Partner die Bögen zur Haushaltsplanung ausfüllen. Liegen alle Daten vor, erhält jeder eine Kopie der Aufstellung seines Partners. Die Zahlen werden geprüft und vom Mediator so visualisiert, daß alle Angaben in einer Gegenüberstellung sichtbar werden. In der Praxis hat es sich als nützlich erwiesen, die Haushaltsplanung in drei Spalten (Frau, Mann, Kinder) gegenüberzustellen und in der entsprechenden Zahl der Kostenstellen die Zeilen anzulegen. Die Vorgehensweise erfolgt Zeile für Zeile, so daß beide Partner ständig angesprochen sind. Strittige Beträge werden diskutiert und verhandelt, in manchen Fällen wird es nötig sein, die Zahlen anhand von Rechnungen und Kontoauszügen zu belegen.

Tabelle: Haushaltsplanungen

Aufwendungen	**Frau**	**Mann**	**Kind/Kinder**
Miete, Heizung, Nebenkosten			
Strom, Wasser . . .			
Versicherungen			
Ratenzahlungen			
Hypotheken			
sonst. Schulden			
Telefon			
TV, Rundfunk			
Zeitungsabo			
Vereinsbeiträge			
Instandhaltung			
Rücklagen, Sparen			
Ernährung			
Kleidung			
Haushaltshilfe			
Wohnung, Hausrat			
Kfz: Steuer, Versicherung, Leasing, Rücklagen			
Ausbildung			
Medizinische Versorgung			
Kultur			
Hobby			
Urlaub			
Kosmetik			
Garten			
Haustiere			
Persönliches			
Sonstiges			
Summe:			

Der Kindesunterhalt

Ist das Mediationsverfahren so weit fortgeschritten, daß der Kindesunterhalt berechnet werden kann, müssen sämtliche Einnahmen und Ausgaben jedes Elternteils offengelegt, verhandelt und fixiert sein. Darüber hinaus muß klar sein, welches Sorgerechtsmodell die Eltern dem Gericht vorschlagen und wie sie es gestalten wollen. Grundsätzlich haben die Eltern Unterhaltspflicht. Bei der Erstellung des Haushaltsplans haben die Eltern gemeinsam berechnet, wie hoch der monatliche Kindesbedarf voraussichtlich sein wird.

Das Gesetz sieht vor, daß der kinderbetreuende Elternteil durch die Pflege und Erziehung seine Unterhaltspflicht erfüllt. Der andere Elternteil ist dann barunterhaltspflichtig. Das Kindergeld steht den Eltern je zur Hälfte zu und wird in der Regel mit den Unterhaltszahlungen verrechnet.

Bei Mediationsvereinbarungen sind die gesetzlichen Regelungen oft nicht praktikabel. Die Eltern treffen mitunter Vereinbarungen, nach denen die Kinder fast gleich oft bei jedem Elternteil sind. Die Kinder haben – soweit es sich die Eltern leisten können – in jeder Elternteilwohnung ein eigenes Zimmer.

In solchen Fällen kann die Einrichtung eines Kinderkontos sehr nützlich sein. Die Eltern können sich dann darauf einigen, jeden Monat, dem anteiligen Betreuungsaufwand entsprechend, einen gewissen Betrag einzuzahlen. Denkbar wäre es auch, daß das Kindergeld und eventuelle Zuwendungen von Verwandten auf dieses Konto geleitet werden. Beide Eltern haben Zugriff zum Kinderkonto und sprechen gemeinsam ab, welche Anschaffungen davon bezahlt werden. Wird (ist) das Kind älter, kann daraus auch das Taschengeld bezahlt werden.

Fallbeispiel: Kinderkonto
Martina und Gerd haben die 14jährige Tochter Sabrina. Nach der Trennung haben die Eltern beschlossen, im gleichen Stadtteil zu wohnen. Es ist möglich, daß Sabrina in jeder Elternteilwohnung ein Zimmer erhält. Gerd ist Volksschullehrer und in der Regel ab 14.00 Uhr zu Hause. Martina hat eine 25-Stunden-Stelle in einer Kran-

kenkasse. Sabrina verbringt ihre Nachmittage zum Hausaufgabenmachen bei ihrem Vater. Hier bekommt sie auch ein Mittagessen, Freunde können mitgebracht werden. Zum Abendessen geht Sabrina zu ihrer Mutter, mit ihr verbringt sie die Abende. Sie übernachtet in der Regel in der Wohnung ihrer Mutter. Die Wochenenden verbringt Sabrina je nach Lust bei dem einen oder anderen Elternteil. Die Eltern akzeptieren das unter der Voraussetzung, daß sie rechtzeitig Bescheid wissen.

Unter diesen Rahmenbedingungen ist es nicht sehr praktikabel, eine konventionelle Unterhaltsregelung anzuwenden: Schließlich leisten beide Elternteile einen in etwa gleich großen Anteil an Erziehung und Versorgung des Kindes.

Martina und Gerd beschließen die Einrichtung eines Kinderkontos. Neben dem vollen Kindergeld zahlt Gerd monatlich 300 DM und Martina 180 DM auf das Konto ein. Sabrina hat keinen Zugang zum Konto. Sie weiß zwar, daß es es gibt und wer wieviel darauf einzahlt, hat jedoch keine Mitsprache bei der Verwendung des Geldes. Sabrina erhält von diesem Konto ein monatliches Taschengeld von 100 DM. Davon muß sie Dinge des persönlichen Bedarfs selbst bezahlen. Auch die Kleidung zählt dazu. Der monatliche Beitrag fürs Ballett und für den Musikunterricht werden vom Kinderkonto direkt abgebucht. Alle Schulsachen und besondere Aufwendungen werden ebenfalls vom Kinderkonto bezahlt. Geldgeschenke von den Großeltern werden aufs Kinderkonto eingezahlt. Größere Anschaffungen wie Sportgeräte, Computer oder Urlaube werden ebenfalls davon finanziert.

Das Kinderkonto ist ein Girokonto. Die Eltern haben zusätzlich ein Sparbuch für Sabrina angelegt. Immer, wenn der Kontostand des Girokontos die 500-DM-Marke an einem Stichtag übersteigt, wird der Überschußbetrag automatisch auf das Sparkonto gutgeschrieben. So ist immer etwas Geld für das Kind flüssig, und es erübrigen sich zeitraubende Gespräche, was man mit auflaufenden Überschüssen machen könnte.

Die Überbrückung der Differenz zwischen Einkommen und Aufwendungen

Nachdem Sie das Einkommen und sämtliche Ausgaben inklusive Kindesunterhalt offengelegt und gegenübergestellt haben, wird ermittelt, ob beide Partner den errechneten Eigenbedarf decken können. Ist dies nicht der Fall, muß verhandelt werden, wie Sie die Differenz von Einkommen und Bedarf auffangen können.

Zunächst muß mindestens ein gemeinsames Ziel gesetzt werden, welches beide Partner motiviert, die Verhandlungen konstruktiv zu gestalten. Der Mediator wird in schwierigen Verhandlungspassagen immer wieder dieses gemeinsame Ziel in den Prozeß einbeziehen und die Kooperationsbereitschaft zwischen den Konfliktpartnern aufrechterhalten. Der folgende Zielekatalog kann Ihnen dabei helfen, eigene Ziele zu formulieren.

Zielekatalog:
- Wir wollen in jedem Fall nach der Trennung unseren Lebensstandard aufrechterhalten.
- Wir werden die finanziellen Einbußen, die aus der Trennung entstehen, gemeinsam tragen.
- Wir vereinbaren, daß sich nach wie vor die Frau um die Erziehung der Kinder kümmert.
- Wir wollen den Job des Mannes nicht in Frage stellen.
- Die Frau soll die Wohnung in keinem Fall verlieren.
- Der Kontakt der Kinder zum Vater soll unbedingt erhalten werden.
- Die Frau soll eine Ausbildung abschließen, um in absehbarer Zeit finanziell unabhängig zu sein.
- usw.

Fallbeispiel: Angelika und Bernd / Differenz zwischen Einkommen und Aufwendungen

Angelika und Bernd haben sich darauf geeinigt, daß die alleinige elterliche Sorge für Martin Angelika zugesprochen wird. Sie verfügt über ein Nettoeinkommen von 800 DM, erhält einen Kindesunterhalt von 700 DM und bekommt das Kindergeld in Höhe von 220 DM. Somit hat sie Einkünfte in Höhe von 1720 DM. Ihr

Lebensbedarf beläuft sich mit der Kindesbetreuung auf 2780 DM, so daß ein Defizit von 1060 DM monatlich entsteht.
Bernd bezieht ein monatliches Nettoeinkommen von 3000 DM. Der Kindesunterhalt von 700 DM geht davon ab. Sein Lebensunterhalt wurde auf 2000 DM festgelegt. Somit entsteht ihm ein monatlicher Überschuß von 300 DM.
Angelika und Bernd vereinbarten die gemeinsamen Ziele, daß es Martin an nichts fehlen soll, daß sie Verluste aus der Trennung zu gleichen Teilen tragen werden und daß Angelika sich durch eine Berufsausbildung von Bernd langfristig unabhängig machen wird. Bleiben die fehlenden 1060 DM monatlich bei Angelika.

Soll nun die Kluft zwischen Einnahmen und Ausgaben geschlossen werden, gibt es grundsätzlich drei Möglichkeiten, welchen in der Mediation nachgegangen werden kann. Die Ausgaben können gesenkt werden, das Einkommen kann erhöht werden, oder das Vermögen kann zur Deckung der laufenden Kosten verwendet werden.

Die Ausgaben senken

Um Streitigkeiten weitgehend zu vermeiden, wird der Mediator Sie dazu anregen, nur bei sich selbst nach Kostenreduzierungsmöglichkeiten zu suchen und nicht beim Partner. Zu leicht werden Sie sonst der Versuchung verfallen, eine Fülle von Einsparungsmaßnahmen Ihrem Partner vorzuschlagen, ohne an den eigenen kleinen Luxus an der einen oder anderen Stelle zu denken. Der Mediator ist bei derartigen Verhandlungen angehalten, auf gar keinen Fall eigene Maßstäbe bei der Kostenreduzierung einzubringen.

Entscheidungen über inhaltliche Fragen beantworten die Klienten in der Mediation ausschließlich selbst. Sehr hilfreich ist die Einführung der Unterscheidung zwischen Wünschen und Bedürfnissen. Hinter Wünschen stehen oft Positionierungen, die zu keiner Lösung führen können. Bedürfnisse dagegen sind auf der Interessenebene und bezüglich der Kosten verhandelbarer. Gelingt es in der Sitzung, daß die formulierten Wünsche in Bedürfnisse gewandelt werden können, ist es sehr wahrscheinlich, daß auch einige Posten des Haushaltsplans nach unten korrigiert werden können.

Fallbeispiel: Angelika und Bernd / Ausgaben senken
Angelika und Bernd beschließen, ihre Haushaltspläne zu überarbeiten und nach Einsparungsmöglichkeiten zu suchen. Angelika ist bereit, bei ihrem Kleidungsbedarf um 100 DM runterzugehen. Bernd will das Essen in einem Restaurant reduzieren und mehr selbst kochen. Kosteneinsparung: 200 DM, die Angelika zugute kommen. Die ehemalige eheliche 3-Zimmer-Wohnung will Bernd in jedem Fall halten, da er es von dort nicht weit zur Arbeit hat, ihm die Wohnung sehr zusagt und er keine Lust auf einen Umzug hat. Angelikas 1060-DM-Defizit ist also auf 760 DM geschrumpft.

Das Einkommen erhöhen

Auch hier ist es ratsam, daß Sie bei sich selbst nach Möglichkeiten suchen, das Einkommen zu erhöhen. Oft tendieren Paare in Trennungssituationen zur Meinung, daß der Partner, der die Trennung angeregt hat (»der am Scheitern schuld ist«), nun auch bezahlen soll. Derartige Einstellungen zielen auf die Vergangenheit und tragen nichts zur Problemlösung bei. Wichtig ist statt dessen, welche Bedürfnisse und Vorstellungen die Partner für die Gestaltung ihrer Zukunft haben. So wird beispielsweise überlegt, welche Möglichkeiten jeder Partner in seiner beruflichen Entwicklung hat und wie realistisch es ist, die gesetzten Ziele zu erreichen. Zusatzausbildungen und mögliche Beförderungen, der Eintritt ins Erwerbsleben und die Möglichkeit, einen Nebenjob anzunehmen, werden erörtert, abgewogen und vereinbart. Es kann auch überlegt werden, inwieweit eine finanzielle Unterstützung von den Eltern des Paares zu erwarten ist oder staatliche Mittel beansprucht werden können.

Fallbeispiel: Angelika und Bernd / Einkommenserhöhungen
Angelika und Bernd stoßen bei der Suche nach Einkommenserhöhungen auf die Frage, ob es für Bernd denkbar sei, das ehemalige Kinderzimmer unterzuvermieten. Ein Student, der am Wochenende nach Hause fährt, würde für das Zimmer 400 DM bezahlen. Martin kann auch im Wohnzimmer übernachten, wenn er bei Bernd ist.

Da Bernd oft allein zu Hause ist und gern Gesellschaft hat, beschließt er, das Zimmer zu vermieten.
Angelika ist daraufhin bereit, ihren Chef zu fragen, ob aus ihrer 15-Stunden- eine 20-Stunden-Stelle werden kann. Dies würde eine Einkommenssteigerung von 200 DM ausmachen.
Die Vereinbarungen führen bei Bernd zu einer Kostenreduzierung von 200 DM und einer Einkommenssteigerung von 400 DM. Bei Angelika schlagen die Änderungen mit 100 DM Einsparungen und 200 DM Mehrverdienst zu Buche.
Somit reduziert sich das Defizit bei Angelika auf 560 DM, der Überschuß bei Bernd steigt auf 900 DM. Auf dieser Basis ist Bernd bereit, Angelika einen monatlichen Versorgungsunterhalt von 600 DM zu bezahlen.

Es versteht sich von selbst, daß derartige Regelungen auch auf die Zustimmung der Kinder stoßen müssen.

Die Verwendung des Vermögens zur Deckung laufender Kosten

Die Möglichkeit und die Bereitschaft, bestehendes Vermögen aufzulösen, hängt davon ab, inwieweit es an ideelle Werte gebunden ist und wieviel Geld durch die Veräußerung erzielt werden kann. Haben Sie sich beispielsweise während Ihrer Ehe eine Immobilie gekauft, die eventuell noch belastet ist, können durch den Verkauf das investierte und hinzugewonnene Kapital flüssig gemacht werden, und die Tilgungs- und Zinsbelastungen würden entfallen. Die Veräußerung von Vermögenswerten sollte jedoch nur dann in Betracht gezogen werden, wenn dafür ein neuer Wert entsteht. So wird sich ein Partner leichter für den Verkauf des Hauses entscheiden, wenn damit für die nächsten Jahre seine Ausbildung finanziert wird, als wenn es lediglich darum geht, den normalen Lebensunterhalt zu bestreiten.

Fallbeispiel: Verwendung des Vermögens zur Deckung laufender Kosten
Daniela und Paul trennen sich nach einer zwölfjährigen Ehe. Sie haben einen Sohn, der in die 1. Klasse geht, und eine Tochter, die gerade ins Gymnasium gekommen ist. Daniela ist Erzieherin, jedoch

seit zehn Jahren nicht mehr berufstätig. Da sie im Augenblick keine Chance auf eine Anstellung hat, beschließt sie, Sozialpädagogik zu studieren. Nach vier Jahren habe sie dann gute Aussichten auf einen Job, der sie unabhängig macht. Freilich kann sie in den vier Jahren neben dem Studium und der Kindererziehung nicht auch noch arbeiten. Ihren monatlichen Bedarf (ohne Kinder) haben beide Partner für Daniela auf 1800 DM berechnet. Paul hat vor drei Jahren eine beträchtliche Summe von seiner Großmutter geerbt. Das Geld ist so angelegt, daß der Zinsertrag von 22 000 DM einmal im Jahr auf ein Konto überwiesen wird. Paul erklärt sich bereit, diesen Betrag Daniela vier Jahre lang zukommen zu lassen, wenn seine Unterhaltsverpflichtungen gegenüber Daniela danach erlöschen. Beide sind mit dieser Regelung einverstanden, da beide Partner davon profitieren.

Die Aufteilung des Vermögens

Ehepaare, die keinen Ehevertrag geschlossen haben, leben im gesetzlichen Güterstand der Zugewinngemeinschaft. Das heißt, Vermögenswerte, die ein Partner in die Ehe einbrachte oder während der Ehe erwarb, bleiben auch nach der Scheidung sein Eigentum. Der Zugewinn – entstanden durch Wertsteigerungen während der Ehe – wird jedoch am Ende der Ehe ausgeglichen beziehungsweise halbiert.

Mediation bietet die Möglichkeit, eigene Lösungen zu entwickeln, die jedoch notariell beurkundet werden müssen. In den Verhandlungen über die Aufteilung der Vermögenswerte wird im Mediationsverfahren in vier Schritten vorgegangen:

1. Bestimmung des Vermögens
2. Eigenschaften und Bedeutung des Vermögens
3. Einschätzung der Vermögenswerte
4. Aufteilung der Vermögenswerte.

Die Bestimmung des Vermögens

Sie füllen zu Hause ein Formblatt über die Vermögenswerte aus. Wichtig ist dabei die Bestimmung des Anfangs- und Endwerts. Während das Familiengericht den Monat der Eheschließung und den Monat der Zustellung des Scheidungsantrags als Zeitgrenzen ansieht, kann das Paar in einer notariell beurkundeten Vereinbarung auch andere Regelungen treffen. Es könnte beispielsweise sein, daß Sie vor der Eheschließung viele Jahre in einer eheähnlichen Lebensgemeinschaft wohnten und diese Zeit mit einbeziehen wollen. Auch der Stichtag für die Festlegung des Endvermögens kann zum Beispiel auf den Tag der (räumlichen) Trennung gelegt werden und nicht auf den des Scheidungsantrags. Dem Paar ist bei Vermögensauseinandersetzungen immer zu raten, sich zusätzlich anwaltschaftlich beraten zu lassen. Die ausgefüllten Formblätter werden anhand von mitgebrachten Belegen vom Mediator geprüft und gemeinsam durchgesprochen.

An der Art und Weise, wie Sie Ihre Formblätter ausgefüllt haben, erkennt der Mediator eventuell, wie das Kräfteverhältnis zwischen Ihnen und Ihrem Partner ist.

So muß dem Klienten, der keine oder ungenaue Angaben gemacht hat, geholfen werden, auf den gleichen Informationsstand zu kommen wie sein Partner. Wie bei allen Verhandlungspunkten achtet der Mediator auch hier darauf, daß die Klienten ein gleiches Tempo bei der Abhandlung der einzelnen Verhandlungspunkte einhalten. Dies trägt dazu bei, daß beide Partner stets ein Kräftegleichgewicht halten können. Es ist sehr wichtig, daß sie die Vermögensbestimmung gemeinsam anerkennen, bevor die Verhandlungen weitergeführt werden.

Der Mediator achtet auch darauf, daß bei den Vermögensverhandlungen nicht der Hausrat angesprochen wird, da dieser einen eigenen Verhandlungspunkt darstellt. Zum einen würde eine Miteinbeziehung des Hausrats den Verhandlungsgegenstand unnötig komplizieren, zum anderen gelten bei der Bewertung des Hausrats andere Maßstäbe.

Formblatt: Vermögenswerte und Verbindlichkeiten

Stichtage:			
Anfangsvermögen:			
Endvermögen:			
Vermögen	**Frau**	**Mann**	**gemeinsames Vermögen**
Spareinlagen			
Festgeld			
sonst. Barkonten			
Wertpapiere/Aktien			
Kapitalversicherungen/Rückkaufswert			
Geschäftsbeteiligungen			
Anspruch auf Steuerrückzahlungen			
Bausparverträge			
Immobilien			
Wohnungskaution			
teure Einbaumöbel			
sonst. gebundenes Kapital			
Kraftfahrzeuge			
Tiere (z. B. Pferde)			
Weitere Vermögenswerte			
Schulden/ Verbindlichkeiten			
Summe			

Erläuterungen zum Formblatt

Spareinlagen:
Sie können sich von Ihrer Bank zu jedem beliebigen Zeitpunkt (Stichtag) eine Aufstellung Ihrer Spareinlagen geben lassen.

Wertpapiere:
Ihre Bank kann Ihnen eine Depotaufstellung zu einem bestimmten Stichtag ausdrucken. Aktien, Pfandbriefe, Anleihen usw. werden hier geführt.

Versicherungen:
Der Rückkaufswert Ihrer Lebensversicherung(en) zum Stichtag wird hier der wichtigste Wert sein.

Geschäftsbeteiligungen:
Hier ist eine enge Zusammenarbeit mit einem Steuerberater und Wirtschaftsprüfer erforderlich. Je besser Sie den Wert Ihrer Geschäftsbeteiligung im Vorfeld abklären und einschätzen, um so einfacher wird die Verhandlung an diesem schwierigen Punkt werden.

Steuerrückzahlungen:
Hier kommen oft erhebliche Summen zusammen, die nach Rücksprache mit Ihrem Steuerberater geschätzt werden müssen.

Bausparverträge:
Der Kontoauszug von Bausparverträgen weist einen Saldo aus, der Ihnen den Wert des Vertrags nennt.

Immobilien:
Neben Immobilien, die als Geldanlage gedacht sind, ist hier vor allem Ihre Familienwohnung angesprochen.

Weitere Vermögenswerte:
Kunstwerke, Schmuck, Sammlungen, technische Geräte, teure Musikinstrumente, Orientteppiche usw. sind Vermögenswerte, die nach dem aktuellen Marktwert (nicht dem Kaufpreis!) bewertet werden müssen.

Schulden:
Führen Sie alle Hypotheken, Darlehen und sonstigen Verbindlichkeiten auf. Ihre Bank kann Ihnen zu einem bestimmten Stichtag einen Kontoauszug erstellen. Auch an Schulden bei Privatpersonen sollten Sie denken.

Eigenschaften und Bedeutung des Vermögens

Sind alle Vermögenswerte aufgestellt und von beiden Partnern einvernehmlich bewertet, holt der Mediator zu jedem Posten zusätzliche Informationen ein. Die subjektive Bewertung durch die Partner ist dabei wichtiger als scheinbar objektive Kriterien. So kann es vorkommen, daß ein Partner eher die Ehewohnung verkaufen würde als »sein« Auto, auch wenn die Gesetze des Marktes bezüglich der Liquidität zu einem gegensätzlichen Schluß führen würden.

Neben der Liquidität jedes Vermögenswerts wird auch die Wirtschaftlichkeit der einzelnen Posten, der Zweck des Erwerbs, die steuerlichen Auswirkungen, die anteilige Verwendung und die Ziele, die Sie bezüglich der künftigen Zuteilung haben, besprochen und visualisiert. Der Mediator wird dabei verhindern, daß es schon zu konkreten Verhandlungen über die Verteilung des Vermögens kommt. Ziel dieses Schritts ist lediglich ein Erkennen künftiger Wünsche.

Einschätzung der Vermögenswerte

Bei diesem Schritt kommt es zur abschließenden zahlenmäßigen Einschätzung sämtlicher Vermögenswerte, soweit dies nicht schon vorher erfolgte. Vor allem Immobilien, Geschäftsbeteiligungen, Aktienpakete und sonstige Vermögenswerte müssen dabei eventuell im Einzelfall von Gutachtern geschätzt werden. Der Mediator wird auch eine wertmäßige Reihenfolge der Posten visuell umsetzten.

Die Aufteilung der Vermögenswerte

Die Aufteilung der Vermögenswerte wurde durch die vorherigen Schritte der Verhandlung so weit vorbereitet, daß sich vermutlich schon erste Lösungen abzeichnen. Der Mediator wird dabei die Ziel- und Wertvorstellungen anerkennen, eventuell wechselseitig formulieren und jeden Posten mit Ihnen durchsprechen. Hierbei empfiehlt es sich, mit den weniger strittigen Punkten zu beginnen.

Für die Berechnung des Zugewinnausgleichs wird der Mediator entweder einen Anwaltsmediator hinzuziehen oder beide Partner beauftragen, den Zugewinn von ihren Anwälten einzeln ausrechnen zu lassen. In manchen Fällen wird es nötig sein, daß der Mediator dem Paar das Prinzip des Zugewinnausgleichs exemplarisch erklären muß, um den Partnern zu ermöglichen, eigene Ansprüche zu berechnen.

Sind die Vermögenswerte aufgeteilt, empfiehlt es sich, die Übereinkünfte von Ihren Rechtsanwälten prüfen zu lassen, bevor die Vereinbarungen ins Memorandum aufgenommen, beziehungsweise notariell beurkundet werden.

Fallbeispiel: Vermögenswerte
Ute und Michael bekamen 1987 einen Sohn, als Ute ihr Studium gerade abgeschlossen hatte. Nach drei Jahren folgte ein Tochter. Als der Sohn 1993 zur Schule kam, beschlossen beide zu heiraten. Die Ehe scheiterte nach vier Jahren.
Im Jahr 1987 erbte Michael ein Haus von seinen Großeltern, das eine Wertsteigerung von etwa 10 000 DM jährlich erzielt. Da die Erbschaft auf die Geburt des Sohnes und das gute Verhältnis von Ute zu den Großeltern von Michael zurückzuführen ist, haben beide das Bedürfnis, den Zugewinn nicht erst ab der Eheschließung, sondern ab dem Tag der Geburt des Sohnes auszurechnen. Somit entsteht ein Berechnungszeitraum von 10 Jahren, beziehungsweise ein Betrag von 100 000 DM. Den Zugewinnausgleich von 50 000 DM übergibt Michael unter der Voraussetzung an Ute, daß sie sich um eine Ganztagsstelle bemüht, wenn die Tochter in die 10. Klasse kommt.

Die Verhandlung weiterer Streitpunkte

Sämtliche weiteren Verhandlungspunkte werden im Mediationsverfahren ebenfalls angesprochen.

Der Hausrat

Bei der Verteilung des Hausrats ist es sinnvoll, nicht über den materiellen Wert der Dinge zu verhandeln, sondern den subjektiven Gebrauchswert für jeden Partner in den Vordergrund zu stellen. In der Regel werden Sie keine Probleme damit haben, sich über die Verteilung des Hausrats zu einigen. So kommt es in der Mediation relativ selten vor, daß dieser Punkt eigens verhandelt wird, da dies das Paar meist bereits unter sich geregelt hat. Trotzdem kann in manchen Fällen die eine oder andere scheinbar unwichtige Sache die Gemüter erregen. Sie sollten in jedem Falle alles zur Sprache bringen, was Sie bedrückt. Es ist besser, in der Mediationssitzung alles anzusprechen, als einen schwelenden Konflikt mit sich herumzutragen. Auch bei den Verhandlungen über den Hausrat wird in der Mediationssitzung mit Tabellen gearbeitet, die die Verteilung regeln.

Tabelle: Hausrat

Hausrat	Frau	Mann
Möbel		
Geschirr		
Teppiche		
Küchengeräte		
Waschmaschine		
Bücher		
TV/Hi-Fi		
Computer/FAX usw.		
Instrumente		
Platten/CDs		
Pflanzen		
Sonst. Wertgegenstände		

Der Versorgungsausgleich

Ein Punkt, den die Klienten häufig ansprechen, ist der Versorgungsausgleich. Der Versorgungsausgleich soll in der Ehezeit erworbene Anwartschaften oder Aussichten auf eine Versorgung wegen Alters- oder Berufs- oder Erwerbsunfähigkeit beider Partner wertmäßig in gleicher Höhe auf beide verteilen. So hat der Ehepartner, der beispielsweise aufgrund der Kindererziehung kaum Anwartschaften hat, das Recht, die Hälfte der von beiden Klienten in der Ehezeit erworbenen Versorgungsanwartschaften für sich geltend zu machen. Vor allem bei langjährigen Ehen ist es wichtig, über den Versorgungsausgleich zu sprechen.

Der Mediator wird Ihnen raten, sich anwaltlich beraten zu lassen und Überlegungen anzustellen, inwieweit eine Form des Splittings oder eine Abfindung möglich ist. Da bei einer Scheidung immer Einbußen bezüglich der Anwartschaften im Versorgungsausgleich für beide Seiten entstehen, kann es vorkommen, daß es sehr lange verheiratete Paare aus diesem Grund bevorzugen, die Institution der Ehe aufrechtzuerhalten und neue Wege der Trennung suchen. Der Mediator kann und darf den Versorgungsausgleich nicht selbst berechnen, da er sich auf allgemeine Rechtsbelehrungen beschränken muß.

War ein Scheidungspaar beispielsweise bereits viele Jahre vor der Heirat in einer eheähnlichen Lebensgemeinschaft mit gemeinsamen Kindern und einem alleinverdienenden Mann, hat die Frau aus dieser Zeit keinen Anspruch auf einen Versorgungs- oder Zugewinnausgleich. Dieser Sachverhalt ist oft ungerecht der Frau gegenüber. In der Mediation kann in diesen Fällen eine einmalige Ausgleichszahlung oder der Abschluß einer Versicherung für die Frau, die vom Mann bezahlt wird, vereinbart werden.

Fallbeispiel: Versorgungsausgleich
Anna und Karl sind beide Anfang Fünfzig, sie waren 20 Jahre verheiratet und haben drei Kinder. Vor der Ehe waren sie 10 Jahre ein Paar, in dieser Zeit wurden auch die Kinder geboren. Anna hat nie Anwartschaften erworben. Als die Ehe auseinanderging, beschlossen sie, den gesetzlichen Versorgungsausgleich für die Ehezeit anzuerkennen und für die 10 Jahre vor der Ehe eine private Regelung zu vereinbaren. Der Steuerberater von Karl berechnet einen monatlichen Betrag, den Karl in eine Lebensversicherung mit 15 Jahren Laufzeit für Anna einbezahlt. Die Ausschüttung deckt dann den Anspruch, den Anna gesetzlich gehabt hätte, wenn sie 30 Jahre verheiratet gewesen wären.

Was sonst noch zu regeln ist

Weitere zur Verhandlung anstehende Punkte können beispielsweise Haustiere sein, die möglicherweise bei Unterhaltsberechnungen und Betreuungsplänen berücksichtigt werden müssen. So kann beispielsweise ein großer Hund monatliche Aufwendungen von 100–200 DM an Fressen und Tierarztkosten verursachen. Auch hier kann ein Betreuungsplan aufgestellt werden, um die Versorgung im Urlaub oder Krankheitsfall des betreuenden Partners für das Tier sicherzustellen.

Aber auch die Rückgabe von Geschenken – insbesondere bei wertvollem Familienschmuck – oder den Eheringen und die Aufteilung der Fotoalben gehören zum Mediationsverfahren.

Es bietet sich sogar an, die Mediationssitzungen zum direkten Austausch gewisser Gegenstände zu verwenden. So kann beispielsweise die gegenseitige Rückgabe der Eheringe, im Beisein des Mediators, das einvernehmliche Ende der Ehe und Partnerschaft auch rituell vollziehen.

Der Abschluß des Mediationsverfahrens

In der Verhandlungsphase haben Sie gemeinsam die Themenbereiche festgelegt, die Konfliktfelder bearbeitet und eine Einigung hergestellt.

Sie haben parallel zum Mediationsverfahren bereits erste Erfahrungen in der konkreten Umsetzung einiger Regelungspunkte gemacht. So kann jeder Partner einschätzen, ob die Abmachungen bezüglich der elterlichen Sorge und der Haushaltspläne haltbar sind oder aufgrund unrealistischer Einschätzungen revidiert werden müssen.

Je nachdem, wie viele Konfliktfelder bearbeitet wurden und wie die Kooperation der Partner im Mediationsverfahren funktionierte, sind nun seit der ersten Sitzung einige Wochen oder viele Monate vergangen.

Wurden bisher noch keine weiteren Berater (Rechtsanwälte, Steuerberater usw.) hinzugezogen, ist es nun an der Zeit, dies zu tun. Die vom Mediator in Zusammenarbeit mit den Partnern verfaßte Scheidungsvereinbarung wird nun von den Anwälten der Partner in die endgültige Vertragsform gebracht. Themen, die in der Mediation nicht verhandelt wurden, da sie das Paar unter sich löste, müssen ins Memorandum aufgenommen werden.

Der Vertrag wird vollstreckungsfähig, wenn er von beiden Anwälten als Vergleich ins gerichtliche Scheidungsverfahren eingebracht wird, oder wenn sich – nach notarieller Beurkundung – nur eine Partei vertreten läßt.

Der Mediator wird in Ausübung seiner Formulierungsfunktion für Sie ein Memorandum erstellen, das etwa folgendermaßen aufgebaut sein kann:

Schema Memorandum

Einleitung

Die Einleitung sollte neben den Personalien der Eheleute auch beinhalten, welche Rolle der Mediator hatte und daß keine Rechtsberatung stattfand.

Informationen über Grunddaten

In diesem Abschnitt werden sämtliche Grunddaten aufgeführt. Hierzu zählen beispielsweise Eheschließungsdatum, Personalien der Kinder, berufliche Ausbildung, Stellung und Einkommen der Partner.

Sorgerecht

Zunächst wird dargelegt, welches Sorgerechtsmodell die Eltern vorschlagen. Vor allem beim gemeinsamen Sorgerecht wird der Richter sämtliche Übereinkünfte der Eltern bezüglich der Personen- und der Vermögenssorge prüfen. Die Formulierungen sollten stets so flexibel gehalten sein, daß die Vereinbarungen sich verändernden Lebensverhältnissen leicht anpassen können. Der Betreuungsplan beispielsweise kann mit dem Hinweis versehen werden, daß die Eltern alle sechs Monate in einer Mediationssitzung einen neuen Betreuungsplan vereinbaren.

Die Regelungen für bestimmte Verantwortungsbereiche können so getroffen werden, daß sich die Eltern darauf einigen, gewisse

Entscheidungsbefugnisse allein ausführen zu dürfen. Auch der Informationsfluß zwischen den Eltern kann geregelt werden. So können die Eltern vereinbaren, daß sie sich gegenseitig über die Schulnoten und den gesundheitlichen Zustand der Kinder auf dem laufenden halten. Eine gute Möglichkeit, künftiges Konfliktpotential gering zu halten, ist die Regelung der Fragen, wie beispielsweise verfahren werden soll, wenn ein Kind zu operieren ist oder wie die religiöse und weltanschauliche Erziehung erfolgen soll.

Der Kindesunterhalt

Die Höhe des Kindesunterhalts wird im Memorandum mit dem Hinweis auf eine dynamische Anpassung, entsprechend der Preissteigerungsrate, aufgenommen. Zum Beispiel kann die Höhe der Zahlungen an den Stand der aktuellsten Düsseldorfer Tabelle angelehnt werden.
Auch die Regelungen bezüglich der Mitversicherung eines Kindes in der Krankenkasse muß aufgenommen werden. Wird ein Kinderkonto eingerichtet, müssen die Vereinbarungen über die Kontoführung formuliert werden.

Ehegattenunterhalt

Hier wird die Höhe des Ehegattenunterhalts sowie die Zeitdauer der Zahlungen festgehalten.

Vermögen

Sämtliche Vereinbarungen über die Aufteilung der Vermögenswerte werden aufgelistet. Sind beispielsweise aufzuteilende Immobilienwerte noch nicht verkauft, müssen die einzelnen Schritte aufgeführt werden, die beschreiben, wie mit diesem Vermögen verfahren werden soll.

Sonstige Regelungspunkte

Hier werden die Übereinkünfte bezüglich der Kinderfreibeträge und Steuerklassen festgehalten und der Umgang mit eventuellen künftigen Steuerverbindlichkeiten vereinbart.

Beim Hausrat ist es nicht nötig, eine Liste sämtlicher Gegenstände anzuhängen. Es genügt der Verweis, daß der Hausrat einvernehmlich aufgeteilt wurde.

Die Regelungen über den Versorgungsausgleich wurden von den Anwälten berechnet, in der Mediation besprochen, ins Memorandum aufgenommen und eventuell vom Notar beurkundet.

Lösung künftiger Konflikte

Es bietet sich an, im Memorandum festzulegen, wie die Partner verfahren, wenn sie beispielsweise wegen des Unterhalts oder der Kinderbetreuung in Streit geraten. Hier kann man folgende Formulierung vorschlagen:

»Für den Fall, daß wir nicht in der Lage sind, uns bei irgendeinem Teil des Memorandums darüber zu einigen, wie er umgesetzt werden soll, vereinbaren wir, daß wir uns vor dem Gang zum Gericht erst sorgfältig darum bemühen werden, unsere Meinungsverschiedenheiten beizulegen. Wenn wir aus eigenen Kräften dazu nicht in der Lage sind, werden wir uns wieder der Mediation bedienen. Wir werden dieses Vorgehen auch dann wählen, wenn sich am finanziellen Status von einem von uns etwas Wesentliches ändert, so daß die hier fixierten Vereinbarungen überarbeitet werden müssen. Wir werden uns auch dann gemeinsam in die Mediation begeben, wenn das nur einer von uns wünscht.«

Die in diesem Kapitel aufgeführten Phasen der Mediation sind der Praxis entnommen. Je nach Mediator kann der Mediationsprozeß jedoch auch in andere Phasen eingeteilt werden. Den Abschluß bildet jedoch stets das Memorandum.

Kinder, Frauen und Männer in Trennungs- und Scheidungssituationen

Kinder im Mediationsverfahren

In Deutschland sind jährlich etwa 150 000 Kinder von der Trennung und Scheidung ihrer Eltern betroffen. Angesichts dieser hohen Zahl und der damit verbundenen Belastung für die Kinder wird in diesem Kapitel der augenblickliche Stand der Scheidungsfolgenforschung beschrieben und die daraus folgenden Konsequenzen für den Mediationsprozeß aufzeigt. Anschließend werden Überlegungen zum Sorgerecht diskutiert und die Bedeutung der Mediation für das Wohl des Kindes herausgestellt.

Die Trennungs- und Scheidungsfolgen für Kinder und Jugendliche

Die Konflikte und seelischen Erschütterungen der Eltern haben immer Auswirkungen auf die Kinder. Es herrscht allgemeine Übereinstimmung, daß Kinder aus Scheidungsfamilien durchschnittlich mehr Auffälligkeiten zeigen als Kinder, die mit beiden biologischen Eltern aufwachsen. Während Jungen eher zu impulsivem Ausagieren, Aggressionen und Ungehorsam neigen, tendieren Mädchen eher zu Rückzug, Angst und Depressionen. Die Forschungsergebnisse dokumentieren, daß Jungen wesentlich stärker scheidungsbedingte Verhaltensauffälligkeiten zeigen als Mädchen. Damit ist nicht gesagt, daß Jungen wesentlich mehr unter der Scheidung ihrer Eltern leiden als Mädchen. Vermutlich liegt es an einer besseren objektiven Meßbarkeit des Verhaltens von Jungen, daß sie so signifikant auffälliger erscheinen als Mädchen. So erregt beispielsweise eine von einem Jungen zerstörte Schaufensterscheibe mehr Aufsehen als die lautlosen Tränen eines Mädchens. In beiden Fällen kann der Schmerz gleich tief sein.

Weiterhin kann beobachtet werden, daß die Symptome in vielen Fällen verstärkt direkt nach der Scheidung auftreten. Hat sich das

Kind nach ein bis zwei Jahren auf die neue Familiensituation eingestellt, klingen die Auffälligkeiten in der Regel wieder ab.

Im Mediationsprozeß wird Sie der Mediator über scheidungsbedingte Symptome bei Kindern aufklären. So können sowohl Sie wie Ihre Kinder mit den psychischen Belastungen und symptomatischen Verhaltensweisen besser umgehen und sie eher abbauen. Es hat sich herausgestellt, daß Kinder unterschiedliche altersspezifische Erfahrungen bei der Scheidung ihrer Eltern machen.

Das Kleinkind bis zum dritten Lebensjahr kann die Situation geistig noch nicht erfassen und verarbeiten. Es erhält oft nicht die nötige Zuneigung und Fürsorge der Eltern, da diese sehr mit sich selbst beschäftigt sind. Es leidet vor allem unter starken Verlustängsten und reagiert mit Unruhe, häufigem Schreien, Anklammern, Rückzug, Aggression und Trotz.

Kinder im Vorschulalter leiden am stärksten unter der Scheidung. Sie nehmen die Welt egozentrisch wahr und haben die Vorstellung, wichtigster Liebespartner der Eltern zu sein. Somit interpretieren sie die Trennung der Eltern als eigenes Verschulden. Hinzu kommt die Angst des Kindes, daß es auch vom zweiten Elternteil verlassen wird und es dann ganz alleine auf der Welt ist.

In dieser Phase finden erste geschlechtsspezifische Identitätsfindungen statt, die für die weitere Entwicklung als Mädchen oder Junge von großer Bedeutung sind. Es ist für das Kind vom etwa dritten bis zum sechsten Lebensjahr äußerst wichtig, mit beiden Eltern in Kontakt zu sein. Die akuten Reaktionen des drei- bis sechsjährigen Kindes sind beispielsweise Bettnässen, Eßstörungen, Alpträume, Trennungsängste, Weinen und Aggressionen.

Im Alter von etwa sechs bis neun Jahren tritt zwar immer noch verstärkt Angst, Trauer und Zorn auf, die Kinder glauben jedoch meist nicht mehr, daß sie die Schuld an der Trennung der Eltern tragen. Der Wunsch des Kindes, zu einer eigenen inneren Harmonie zurückzufinden, führt es zu Loyalitätskonflikten. Die Scheidung erleben die Kinder als Bedrohung ihrer gesamten Existenz. Die Kinder entwickeln Wünsche und Phantasien, daß sich die Eltern wieder versöhnen. Kinder neigen dabei dazu, sich mit dem gegengeschlechtlichen Elternteil zu verbünden. Die Reaktionen der Kinder sind vor allem schulischer Leistungsabfall, Tagträume, Schwermut und Magenbeschwerden.

Vom zehnten bis zum dreizehnten Lebensjahr ergreifen die Kinder oft Partei für den einen oder anderen Elternteil. Diese Tendenz wird dann wieder von Schuldgefühlen begleitet. Häufigste Auffälligkeiten sind Schulprobleme, Kopfschmerzen, Schwierigkeiten mit Gleichaltrigen und manchmal auch Straffälligkeit.

Jugendliche vom dreizehnten bis zum achtzehnten Lebensjahr erleben die Scheidung ihrer Eltern ebenfalls als bedrohlich. Der Wunsch nach einer intakten Familienstruktur, in der gelernt werden kann, mit sexuellen Impulsen und Aggressionen umzugehen, kann nicht erfüllt werden. Auch spezifische Rollenidentifikationen bleiben aus und verunsichern die Jugendlichen. Die Ablösung vom Elternhaus erfolgt dann oft verfrüht oder zu spät. Das Verhalten kann dabei vom Schulversagen über Rauschmittelkonsum bis zu Straffälligkeit führen.

Diese Verhaltensweisen von Scheidungskindern müssen jedoch nicht die Regel sein. Viele Kinder und Jugendliche verkraften die Scheidung ihrer Eltern ohne negative Auffälligkeiten. In manchen Fällen kann davon ausgegangen werden, daß eine Scheidung sogar dazu beitragen kann, langfristig zu einer gesünderen und stabileren Gesamtsituation zu führen, da die Kinder die Konflikte und Streitereien der Eltern noch stärker belasten können als die Trennung. Die Beendung einer Haßehe wird von Kindern eher als Erleichterung erlebt.

Oftmals folgt einer Scheidung ein gesellschaftlicher Statusverlust. Der finanzielle Spielraum verengt sich und führt unter Umständen zu einer Stigmatisierung der Scheidungskinder. Des weiteren führt der mangelnde oder ausbleibende Kontakt zum nichtsorgeberechtigten Elternteil bei Kindern zu dem Gefühl, ihr Leben sei »unvollständig«.

Mediation und das Wohl des Kindes

Beim genauen Studium der symptomatischen Verhaltensweisen von Scheidungskindern, den veränderten Rahmenbedingungen und der neuen Konstellation der Familie liegt der Schluß nahe, daß die Scheidung an sich zwar eine extreme Situation für die Kinder darstellt, es jedoch wesentlich bedeutsamer ist, auf welche Art und Weise sich Trennung und Scheidung abspielen. So entwickeln Kinder, deren Eltern sich nicht trennen, aber im Dauerstreit leben, ähnliche Verhaltensweisen wie Scheidungskinder.

Untersuchungen haben ergeben, daß Kinder die Scheidung der Eltern am besten verkraften, wenn es den Eltern gelingt, auch nach der Scheidung ihre Elternrolle in gemeinsamer Kooperation auszuüben. So wird es der Mediator unterstützten, daß Sie auch nach der Trennung noch Ihre beiderseitige Elternverantwortung wahrnehmen. Er wird immer wieder an Sie appellieren, die Konflikte nicht auf dem Rücken der Kinder auszutragen, weder als Ersatzpartner noch als Koalitionspartner oder Botengänger nach der Art: » Sag deinem Papi / deiner Mami, daß . . .«

Hier wird der Nutzen der Mediation für die Kinder deutlich. Schaffen Sie es, eine faire Lösung zu entwickeln, wirkt sich dies auf das Verhalten der Kinder aus. Das Kind spürt, daß die Eltern miteinander kooperieren. Es erfährt, daß es keine Schuld am Konflikt der Eltern trägt und lernt mit der Situation besser umzugehen.

Der Mediator hilft Ihnen – indem er auf das Verhalten der Kinder eingeht – dabei, das Wohl des Kindes so gut wie möglich zu gewährleisten. Dies geschieht, indem den Kindern geholfen wird, das Scheitern der Ehe auf Dauer anzuerkennen und Versöhnungsphantasien einzuschränken.

Eine Verarbeitung von selbstwertgefährdenden Ablehnungsgefühlen der Kinder sollte einhergehen mit der Überwindung von Wutgefühlen und dazu führen, den Eltern zu verzeihen.

So wird Sie der Mediator dazu anregen, die geschlechts- und altersspezifischen Reaktionen der Kinder im Mediationsprozeß anzusprechen und Sie dazu ermutigen, mit Ihren Kindern ins

Gespräch zu kommen. Folgende Sätze könnte Ihnen der Mediator sinngemäß vorschlagen, mit denen Sie Ihrem Kind die Situation verdeutlichen können:

Hilfreiche Formulierungen für Eltern

»Wir trennen uns, weil wir uns nicht mehr verstehen und nicht mehr miteinander streiten wollen. Das hat nichts mit dir zu tun, es ist eine Entscheidung zwischen uns.«

»Wir werden nicht mehr zusammenleben, wir gehen dir trotzdem nicht verloren, wir bleiben weiterhin deine Eltern, auch wenn wir uns trennen.«

»Es gibt keinen besseren oder schlechteren Elternteil. Wir lieben dich beide und wir wünschen uns, daß du uns beide auch in Zukunft gleichermaßen liebst.«

»Wir sind eine getrennte Familie, mit Fragen, Wünschen und Problemen kannst du aber, wann immer du willst, zu jedem von uns kommen.«

Symptomatisches Verhalten des Kindes wird somit nicht »nötig«.

Die Scheidungsvereinbarung und die späteren regelmäßigen Elterngespräche oder Mediationen sichern dem Kind Kontinuität und Stabilität im Kontakt zu beiden Elternteilen. Auch der Umgang mit entstehenden Stieffamilien oder verändertem Verhalten eines Elternteils wie beispielsweise Alkoholmißbrauch oder Straffälligkeit, kann in Mediationssitzungen so thematisiert werden, daß Regelungen entstehen, die dem Wohl des Kindes am nächsten kommen.

Oft glaubt ein Ehepartner, daß die Trennungs- und Scheidungsursache auch Grund genug ist, den anderen Elternteil als erziehungsunfähig abzustempeln. Insbesondere tritt dies bei Verhalten auf, das auch gesellschaftlich nicht akzeptiert wird, wie z. B. Alkoholmißbrauch. Die Verächtlichmachung des einen Elternteils durch den anderen ist für Kinder schädlicher als die Akzeptanz des Verhaltens. Hier wird der Mediator Aufklärungsarbeit leisten und eine Arbeitsbeziehung zwischen Ihnen und Ihrem Partner aufbauen, die der Situation wirklich gerecht wird.

Das Kind muß auch nach der Trennung und Scheidung beide Eltern lieben können und von beiden Eltern geliebt werden. Dies ist die Grundlage für eine spätere Liebesfähigkeit und entscheidet mit über sein künftiges Lebensglück. In der Mediation wird das Klima für die Entwicklung der Liebesfähigkeit des Kindes erzeugt. Dabei sollte jeder Elternteil lernen, den Kindern immer eine Alternative zu erhalten. In den verschiedenen Entwicklungsstufen sucht das Kind immer den Elternteil auf, der geeigneter ist, die spezifischen Bedürfnisse am ehesten zu erfüllen.

In »normalen« Familien kann sich das Kind von einem Elternteil lösen und zum anderen Elternteil gehen, indem es wortlos handelt. Schwieriger hat es das Trennungs- und Scheidungskind, es muß den Wunsch, zum anderen Elternteil zu gehen, aussprechen. Oft haben die Mütter beziehungsweise Väter, bei denen das Kind wohnt, das Gefühl, daß ihnen das Kind »gehört«. Und das spüren die Kinder.

Der Mediator unterstützt das Bewußtsein, daß sich das Kind selbst gehört und in verschiedenen Lebensphasen den einen oder anderen Elternteil bevorzugen wird, je nachdem, ob im Augenblick eher der gleichgeschlechtliche oder der gegengeschlechtliche Elternteil »gefragt« ist. Der Wille des Kindes ist wesentlich. Somit füllt die Mediation den Begriff »Wohl des Kindes« dahingehend aus, daß die »Pflege der gegenseitigen Liebe« und die »Erhaltung der Alternative des anderen Elternteils« die Glücksfähigkeit des Kindes ermöglichen.

Inwieweit es sinnvoll ist, die Kinder an der Mediationssitzung teilnehmen zu lassen, ist im Einzelfall von Sitzung zu Sitzung unter Berücksichtigung des Alters der Kinder neu zu entscheiden. Familienberatungsstellen sind normalerweise darauf eingestellt, daß Kinder mitgebracht werden, so daß Kinderbücher und Spiele zur Verfügung stehen. So können Kinder, auch wenn sie nicht an der Sitzung teilnehmen, mit in die Beratungsstelle kommen. Dies hat einerseits zur Folge, daß das Vertrauensverhältnis zwischen Mediator und Familie gestärkt wird, und andererseits erfährt das Kind, daß sich seine Eltern um einvernehmliche Lösungen bemühen.

Das Sorgerecht

In der Regel geht das Gesetz davon aus, daß die elterliche Sorge einem Elternteil allein übertragen wird. Seit 1982 können Eltern das gemeinsame Sorgerecht jedoch auch nach der Scheidung behalten, wenn sie bestimmte Voraussetzungen erfüllen. Beide Eltern müssen gewillt sein, die gemeinsame Verantwortung für ihr Kind weiterzutragen und voll »erziehungsfähig« sein. Es dürfen auch keine Gründe vorliegen, die eine einseitige Übertragung des Sorgerechts erfordern. Darüber hinaus muß das Gericht die Überzeugung gewonnen haben, daß die Eltern auch in Zukunft die Pflege und Erziehung des Kindes wahrnehmen können. Flankiert von Beurteilungen des Jugendamts und eventuell eines psychologischen Gutachtens trifft der Richter dann die Entscheidung, wer die elterliche Sorge bekommt.

Es ist davon auszugehen, daß ein tragfähiger Mediationsvertrag sowohl für das Jugendamt und den psychologischen Gutachter wie auch für die Richter ausreicht, um Eltern ein gemeinsames Sorgerecht zuzusprechen. Das Elternpaar hat dann durch die gemeinsame Erarbeitung eines einvernehmlichen Memorandums gezeigt, daß es in der Lage ist, gemeinsam für das Kind zu sorgen.

Maßgeblich für die Konkretisierung des Kindeswohls sind die elterlichen Erziehungsziele und -methoden sowie die Wünsche und Bindungen des Kindes. Wie oben dargelegt, sind die Reaktionen der Kinder auf die Trennung und Scheidung der Eltern mitunter so massiv, daß es der Realität näher kommt, die richterliche Entscheidung weniger als »Wohl des Kindes«, sondern eher als die »am wenigsten schädliche Alternative« zu bezeichnen.

Welche Alternative nun die beste ist, kann in der Mediation herausgefunden werden. Hier ist genug Zeit, Erfahrung und Fachwissen vorhanden, um eine Lösung zu finden, die den Bedürfnissen der Familie – insbesondere der Kinder – gerecht wird.

Die Ergebnisse der Scheidungsfolgenforschung haben gezeigt, wie wichtig es für die Kinder in der Regel ist, daß ihnen der uneingeschränkte Kontakt zu beiden Eltern erhalten bleibt. Demnach müßte jeder Richter, Anwalt, Jugendamtsmitarbeiter und Mediator darauf hinwirken, daß sich die Eltern für das gemeinsame Sorgerecht – zum Wohle ihrer Kinder – entscheiden.

Das Scheidungstrauma kann bei gemeinsamer elterlicher Sorge schneller überwunden werden, und die Beziehungen zu Eltern und Umwelt stabilisieren sich oft schneller als bei einseitigem Sorgerecht. Das sogenannte »Reorganisationsmodell« sieht die Scheidung als Entwicklungsform der Ehebeziehung an, die nicht zur Auflösung der familiaren Beziehungen führt. So bleibt das Familiensystem an sich erhalten, ist jedoch in einen väterlichen und einen mütterlichen Haushalt organisiert.

Trotz aller Euphorie für ein gemeinsames Sorgerecht dürfen die Schattenseiten dieses Modells nicht übersehen werden. So wird es sich in manchen Fällen schon aus organisatorischen Gründen als schwierig erweisen, die gemeinsame Sorge auszuüben. Optimale Voraussetzungen wären beispielsweise, wenn die Kinder in beiden nahegelegenen elterlichen Wohnungen ihr eigenes Zimmer hätten und sie gleichermaßen viel Zeit bei beiden Elternteilen verbringen könnten. Zu berücksichtigen ist auch die Fähigkeit der Partner, auf Dauer mit dem Expartner zu kooperieren. Dies erfordert sehr viel Selbstdisziplin und gegenseitiges Vertrauen. Bei sehr zerstrittenen Paaren wird es daran mangeln. Dem Wohl des Kindes entspricht es nicht, wenn die Eltern auch nach der Scheidung zum Beispiel Machtkämpfe darüber führen, ob es die Schule X oder Y besuchen soll. So kann es oftmals sinnvoller sein, ein einseitiges Sorgerecht zu befürworten und gleichzeitig das Umgangsrecht des nichtsorgeberechtigten Elternteils großzügig zu gestalten.

Der Mediator wird alle relevanten Fragen zum Sorgerecht aufwerfen und mit Ihnen und Ihren Kindern die geeignetste Lösung erarbeiten.

Eltern im Mediationsverfahren

Die Trennung und Scheidung erschüttert das Lebenskonzept und die Lebensgestaltung der Eltern fundamental. Sie stehen der Aufgabe gegenüber, sich völlig neu zu organisieren. Wichtigstes Ziel dieses Prozesses ist die klare Trennung von Elternebene und Paarebene. Während auf der Paarebene eine räumliche und emotionale Trennung stattfindet, ist die Elternebene unauflöslich. Ist die psychische Trennung und Scheidung noch nicht vollzogen, werden erfahrungsgemäß ungelöste alte Konflikte des Paares auf der Elternebene, also auf dem Rücken der Kinder ausgetragen. In der Mediation lernt das Paar, beide Ebenen für sich zu definieren, voneinander abzugrenzen und inhaltlich auszufüllen. So kann die Trennung und Scheidung nicht als Ende und Zusammenbruch verstanden werden, sondern idealerweise als Neuanfang und Chance für ein glückerfüllt(er)es Leben.

Bei der Trennung und Scheidung werden neben den psychischen und emotionalen Konflikten auch gesellschaftspolitische Auseinandersetzungen geführt. Gesellschaftliche Verteilungskämpfe und Rollenzuschreibungen von Männern und Frauen finden auch in den Familien statt. Demnach gibt es geschlechtsspezifische Vorurteile, Ängste und Erwartungen bei Männern und Frauen, die in den Mediationsprozeß einfließen.

Die folgenden Ausführungen werden zeigen, daß die Aufteilung nach Männern und Frauen, beziehungsweise Vätern und Müttern, zwar sinnvoll ist – insbesondere aus historischer Sicht –, die Entwicklung jedoch dahin geht, daß sich die Geschlechter immer mehr angleichen.

Frauen und Mütter

Bis in unser Jahrhundert hinein waren die meisten Frauen wirtschaftlich von ihren Ehemännern abhängig. Die Frauen paßten sich den Lebensgewohnheiten des Mannes an, übernahmen seinen Familiennamen und gaben spätestens nach der Geburt des ersten Kindes ihre Berufstätigkeit auf, um sich ganz der Haushaltsführung zu widmen. Die Versorgungsinstitution Ehe gewährte der Frau soziale Sicherheit um den Preis der sexuellen Hingabe und den Verzicht auf berufliche und wirtschaftliche Selbständigkeit. Bis zum Jahre 1957 durfte eine Ehefrau nur berufstätig sein, wenn ihr Ehemann sein Einverständnis gab. So war die Frau in der Regel an Haus und Herd gebunden. Seit dem 18. Jahrhundert hat sich unter dem Begriff »Mutterliebe« ein Deutungsmuster weiblicher Rollenzuschreibung etabliert. Damit wurden Frauen auf ihre scheinbar natürliche Bestimmung als Hausfrau, Mutter und Gattin fixiert.

Das bis 1977 gültige Schuldprizip führte dazu, daß eine schuldig geschiedene Ehefrau den Unterhaltsanspruch verlor und nach der Scheidung einen massiven sozialen Abstieg in Kauf nehmen mußte. Frauen gaben die Hoffnung auf eine glückliche Beziehung auf.

Im Zuge der Emanzipation begannen Frauen, sich als eigenständige Persönlichkeit zu begreifen und forderten, als solche auch akzeptiert zu werden. Für Frauen wurde es immer selbstverständlicher, den gleichen Anspruch auf Selbstverwirklichung zu stellen, wie Männer dies tun. Heute geben Frauen tendenziell eher die Ehe auf, als die Hoffnung nach der Erfüllung ihrer Vorstellung von einer glücklichen Beziehung. Seit der Eherechtsreform im Jahre 1977 sind Frauen für ihre Existenzsicherung prinzipiell selbst zuständig.

Nach der Scheidung erhalten 95–98 Prozent aller Mütter das alleinige Sorgerecht für ihre Kinder. Aus dieser Tatsache geht hervor, daß die traditionelle Rollenverteilung weiterhin vorherrscht. Dies hat zur Folge, daß sorgeberechtigte Mütter auf die Unterhaltszahlungen ihrer Exmänner angewiesen sind.

Die Folgen der Scheidung sind für Frauen in ökonomischer Hinsicht nachhaltiger als für Männer. Vor allem Frauen mit niederer Berufsausbildung und wenig Berufserfahrung sind nach der Scheidung nach wie vor von einem sozialen Abstieg bedroht.

Unmittelbar nach der Trennung leiden die meisten Frauen stärker unter dem Gefühl eines Identitätsverlusts, an Depressionen und Existenzängsten als Männer. Längerfristig scheinen sich jedoch Frauen besser zu »regenerieren« als Männer.

Für den Mediator kann es wichtig sein, die Ängste und Wünsche zu erfahren. So kann er helfen, die Bedürfnisse wechselseitig zu formulieren und klare Luft für faire Lösungen zu schaffen.

Männer und Väter

Bis ins 20. Jahrhundert hinein standen Kinder unter der Herrschaft ihres Vaters. Die durch und durch patriarchale Familien- und Gesellschaftsstruktur sicherte dem Mann die absolute Machtstellung über Frau, Kind und Eigentum. Die väterliche Gewalt konnte beispielsweise so weit gehen, daß Kinder auch gegen den Willen der Mutter zur Adoption freigegeben werden durften.

Erst im des 20. Jahrhundert wandelte sich das Denken dahingehend, daß eher Müttern als Vätern im Scheidungsfall das Sorgerecht, vor allem für jüngere Kinder im Vorschulalter, zugesprochen wurde.

Bis zum Jahr 1953 war die »väterliche Gewalt« prägender Rechtsbegriff im Bürgerlichen Gesetzbuch. Während der Vater die »Hauptgewalt« hatte, beschränkte sich das Mitspracherecht der Mutter auf die »Nebengewalt«. Erst 1958 wurde die »gemeinsame elterliche Gewalt« und 1979 die »gemeinsame elterliche Sorge« definiert.

Die Entwicklung der Rechtsprechung der letzten Jahrzehnte hat die Entscheidungskompetenzen von Vätern im Falle einer Trennung und Scheidung zugunsten der Mütter zurückgedrängt. Die Gestaltung der Vaterschaft hängt heute in erster Linie von der Art der Beziehung zu der Mutter des Kindes ab. Dies beginnt mit der Geburt oder Nichtgeburt des Kindes. Die Frau entscheidet, ob sie ein Kind will oder nicht. Ein Mann, der sich wünscht, Vater zu werden, kann nur hoffen, daß er eine Frau findet, die ihm ein Kind »schenkt« –, das er auch sehen darf, falls er mit der Mutter nicht verheiratet ist.

In den ersten Monaten nach der Geburt besteht in der Regel eine sehr enge Mutter-Kind-Beziehung. Gleichzeitig kühlt nicht selten die Mutter-Vater-Beziehung ab. Wendet sich nun der Vater mehr der Arbeit zu, entsteht ein Teufelskreis, der die Mutter-Kind-Bindungen stärkt und die geschlechtsspezifische Rollenverteilung unterstützt. Somit hat die Mutter in ihren Bindungen zum Kind immer einen Vorsprung.

Das typische Verhalten von Müttern und Vätern hat sich auch nach der gesetzlich eingeräumten Möglichkeit des gemeinsamen Erziehungsurlaubs nach der Geburt eines Kindes kaum verändert. Nur sehr wenige Väter übernehmen für beispielsweise ein Jahr die Kinderbetreuung.

Ein ganztags arbeitender Ehemann und Vater sieht seine Familie vor allem abends und am Wochenende. Die Kinder sind die meiste Zeit bei der Mutter, sie gibt Geborgenheit und ist erste Vertrauensperson. Der Vater übernimmt eher die Rolle eines Spielgefährten und einer Autoritätsperson. Begriffe wie »Muttersprache« oder »mutterseelenallein« drücken vor allem das Kommunikative und die Geborgenheit der Mutter-Kind-Beziehung aus. »Vaterstadt« oder »Vaterland« dagegen deuten auf die gesellschaftliche Bedeutung der Vaterrolle hin.

Im Fall von Trennung und Scheidung beklagen viele Väter, daß sie vom sozialen Kontakt zu ihren Kindern abgeschnitten werden. Sie haben Angst, zum zahlenden »Besuchspapi« degradiert zu werden, der nach und nach die Bindung zu seinen Kindern verliert.

Der biologische Vorsprung der Mutter-Kind-Bindung führt oft zur rechtlichen und sozialen Privilegierung der Mutter. Kritiker des praktizierten Familienrechts betonen, daß Väter ebenso enge emotionale Bindungen zu ihren Kindern haben wie diese zu ihnen, und daß sie für die Betreuung und Versorgung der Kinder nicht weniger geeignet sind als die Mütter.

Der Mediator wird das Rollenverständnis und die Bindungen des Vaters zu seinen Kindern bei Bedarf thematisieren. Hierbei ist es für den Mediator wichtig, »echte« und »vorgeschützte« Argumente und Gefühle beider Eltern wahrzunehmen und herauszuarbeiten.

Grenzen und Chancen der Mediation

Grenzen der Mediation

Nicht jedes Paar ist für die Mediation geeignet.

Dabei ist an erster Stelle die fehlende Motivation des Paares oder eines Partners zu nennen. Sie kann daher kommen, daß sich ein Partner gar nicht trennen will oder ein Partner nur aus taktischen Gründen an der Mediation teilnimmt, weil er glaubt, hier seine Positionen besser durchsetzen zu können.

Ein weiteres Kriterium ist die mangelnde Verhandlungsfähigkeit. Jeder Partner sollte in der Lage sein, seine Interessen angemessen zu vertreten. Herrscht ein extremes Kräfteungleichgewicht zwischen den Partnern, könnte das Mediationsverfahren zugunsten des Stärkeren ausgehen. Vor allem von feministischer Seite (beziehungsweise von feministischen Rechtsanwältinnen) wird oft gegen die Mediation dahingehend argumentiert, daß Mediation ein weiteres Machtmittel des Mannes sei, bei dem die meist schwächere Frau benachteiligt werde. Dem ist entgegenzuhalten, daß es ja gerade ein wesentliches Merkmal der Mediation ist, einen Kräfteausgleich zwischen den Partnern herzustellen. Dies gilt sowohl für Frauen wie auch für Männer. Im Grunde wird sich die Neutralität des Mediators am Kräftegleichgewicht der Partner messen lassen müssen.

Zur Verhandlungsfähigkeit gehört auch Fairneß. Dies erfordert vom Paar eine umfassende Kooperationsbereitschaft, die vor allem in der Offenlegung aller Daten zum Ausdruck kommt. Hier ist ein kritischer Punkt angesprochen. Spielt ein Partner mit offenen Karten, kann er von seinem Partner – der eventuell nur taktiert – übergangen werden. Besonders zum Tragen kommt dies, wenn beispielsweise die Vermögens- und Einkommensverhältnisse einseitig offengelegt wurden und das Mediationsverfahren dann abgebrochen wird. Die Informationen können dann vor Gericht negative Auswirkungen auf den »ehrlichen« Partner haben. Hat der Mediator das Gefühl, daß ein Klient unfair ist, wird er seine Bedenken ansprechen und eventuell die Mediaton abbrechen müssen.

Problematisch ist es auch, eine Mediation durchzuführen, wenn die Klienten schwere psychische Störungen aufweisen oder Gewalt, Mißbrauch oder eine Suchtproblematik vorliegt. Ein erfahrener Mediator wird Ihnen jedoch gerade in diesen Fällen mit Rat und Tat zur Seite stehen können, vor allem dann, wenn der Mediator eine therapeutische Ausbildung hat. In schwierigen Fällen wird die Mediation dann eventuell unterbrochen. Der Mediatior wird Ihnen dann vorschlagen, mit einer geeigneten Therapie zu beginnen, um dann wieder ins Mediationsverfahren einzusteigen.

Mediation könnte demnach gerade auch für diese Fälle eine Form des einvernehmlichen Miteinanders darstellen. Als äußerst schwer wird es sich erweisen, eine Mediation bei Mißhandlung durchzuführen. Vermutet der Mediator, daß beispielsweise die Frau von ihrem Mann mißhandelt wurde und wird, sollte er in einem Einzelgespräch mit der Frau die Vermutung überprüfen. Wird der Verdacht bestätigt, gibt es für den Mediator mehrere Möglichkeiten, mit der Situation umzugehen:

Zunächst wird die Motivation jedes Partners, an dem Mediationsverfahren teilnehmen zu wollen, eingehend hinterfragt. Ist sie tatsächlich vorhanden, sollte in den Mediationskontrakt aufgenommen werden, daß der mißhandelte Partner Schutzmaßnahmen erhält, der mißhandelnde sofort aus der Wohnung ausziehen muß und – bei Kindesmißbrauch – die Kinder nur noch im Beisein einer weiteren Person gesehen werden dürfen.

Immer geht es darum, die Gewalttätigkeiten der Vergangenheit zu beenden und einen Weg in die Zukunft zu finden. Mediation ist somit nicht an der Wahrheitsfindung interessiert! Dies ist vor allem dann bedeutsam, wenn es beim Vorwurf des Mißbrauchs bleibt, der Beschuldigte also den Vorwurf bestreitet. Meist wird dann die Durchführung der Mediation unmöglich sein, da die unterschiedlichen Anschuldigungen nie zu einer leistungsfähigen Arbeitsbeziehung führen können.

Bestehen die Klienten jedoch darauf, die Mediation durchzuführen, weil sie gerade in ihrer Situation nicht ins Gerichtsverfahren gehen wollen (weil beide Partner beispielsweise kein Interesse daran haben, aus dem Scheidungsverfahren ein Strafverfahren zu machen), kann der Mediator den Klienten beispielsweise zur Auflage machen, daß er die Mediation nur dann durchführt, wenn beide Klienten an einer Einzel- oder Paartherapie teilnehmen. Die Auflage einer vorgeschalteten oder begleitenden Therapie und die Vereinbarung bestimmter Regeln, die im Mediationskontrakt festgehalten werden, können selbstverständlich bei sämtlichen, eine Mediation erschwerenden Verhaltensweisen der Klienten praktiziert werden.

Im übrigen wird es der ethischen Überzeugung des Mediators überlassen bleiben, ob er eine Mediation durchführt oder nicht. Der Mediator wird sich in jedem Mediationsverfahren die Frage stellen müssen, ob er es sich zutraut, mit diesem Paar zusammenzuarbeiten. Antipathien und einseitige Sympathien gefährden die Neutralität. Hinzu kommt, daß stark belastete Paare (Mißbrauch oder Sucht) den Mediator auch in seiner professionellen Kompetenz überfordern können. Diese Gefahren kann der Mediator abfangen, indem er in schwierigen Fällen nur in Ko-Mediation arbeitet. Mediation hört da auf, wo der psychosoziale Helfer die Grenzen zu einer Nachbardisziplin deutlich überschreitet und faktisch beispielsweise zum Therapeuten, Erwachsenenbildner oder Diskussionsleiter wird.

Die Grenzen der Mediation sind somit in erster Linie »menschliche Grenzen«, Grenzen, die im Verhalten des Paars oder den Fähigkeiten des Mediators zu suchen sind.

Chancen der Mediation

Viele neue soziale Ansätze werden in gewisser Weise mit dem Bewußtsein vorgetragen, ein Stück weit »die Welt zu verbessern«. Anhänger der Mediation werden sich diese Zuschreibung vermutlich gern gefallen lassen.

Die positiven Folgen, die das Mediationsverfahren auf das Paar und die Kinder haben kann, sind unübersehbar. Darüber hinaus trägt die Mediation dazu bei, das klassisch juristische Denken und Handeln im gerichtlichen Scheidungsverfahren bis zu einem gewissen Grad zu überwinden. Die angesprochenen Gefahren können in der Mediation – wie gezeigt – auch als Chance erscheinen. Dies gilt insbesondere bei gesetzwidrigen oder pathologischen Verhaltensweisen der Partner.

Die Mediation hat sich Schlagwörter wie Vertrauen, Kooperation, Fairneß, Gleichberechtigung, Gewaltlosigkeit, gemeinsame Zukunftsgestaltung, gegenseitiger Respekt, Eigenverantwortung und Freiwilligkeit sowie Interessen statt Positionen auf die Fahnen geschrieben. Sie trägt damit einen wichtigen Teil zur Verbesserung unserer Streit- und Konfliktkultur bei. Die Trennungs- und Scheidungsmediation tut dies auf vermutlich einer der wichtigsten Ebenen menschlichen Zusammenlebens – der Familie.

Mediation will zufrieden machen. Längst ist die Mediation über den Bereich der Trennungs- und Scheidungskonflikte hinausgewachsen. Die positiven Erfahrungen der Anwendung kommen auch anderen Bereichen zu gute.

In der Bundesrepublik finden beispielsweise zur Zeit über zwanzig Umweltmediationen zwischen Bürgerinitiativen und Behörden statt. In Wirtschaftsmediationen erfolgen Vermittlungen zwischen Konzernen. Der Weiße Ring übt Mediation bei der Täter-Opfer-Beziehung im Jugendstraftecht aus. In Schulen gibt es Projekte, in denen Schüler und Lehrer Mediation erfolgreich zur Konfliktlösung anwenden. Aber auch bei Nachbarstreitigkeiten, Tarifauseinandersetzungen oder politischen Konflikten sind Mediationsverfahren in Anwendung.

Freilich kann im einen oder anderen Fall nicht von »der Mediation« gesprochen werden, sondern nur von der Anwendung mediativer Elemente. Trotzdem ist hier ein Entwicklungspotential der Konfliktvermittlung zu beobachten, das der Mediation sehr nahe steht.

Grundsätzlich kann davon ausgegangen werden, daß Mediation immer dann zum Einsatz kommen kann, wenn Menschen in Konflikte miteinander geraten. Es spielt dabei keine Rolle, auf welcher gesellschaftlichen Ebene sie stattfinden. Fraglich ist dabei nur, inwieweit ein Mediationsverfahren immer zum gewünschten Erfolg führen wird. Ich meine, daß es immer einen Versuch wert sein sollte.

Fragen und Anregungen für Paare, die sich für Mediation entscheiden

1. Überdenken Sie, ob für Sie und Ihren Partner Mediation in Frage kommt oder ob Sie mit einer anderen Konfliktlösungsmethode besser fahren.
2. Prüfen Sie genau, welche Beratungsstelle und welches Kooperationsmodell für Sie das geeignetste ist.
3. Prüfen Sie genau die Qualifikation des Mediators, nicht jeder Scheidungsberater achtet auf die Einhaltung der Prinzipien der Mediation.
4. Reflektieren Sie Ihre Trennungssituation. In welcher Phase befinden Sie sich, wie stark ist der Wunsch nach Trennung, haben Sie genug Kraft für eine Trennung?
5. Wollen Sie alle anstehenden Fragen gemeinsam regeln? Sind Sie an einer weiteren Kooperation mit Ihrem Partner interessiert? Wollen Sie festgefahrene Fronten lockern?
6. Sind Sie bereit, ein Elternpaar zu bleiben und entsprechend in Zukunft zu handeln?

7. Sind Sie bereit, Ihr Vermögen und Einkommen offenzulegen? Wollen Sie Haushaltspläne, Einnahmen- und Ausgabenkataloge aufstellen und diskutieren?
8. Würden Sie es auf sich nehmen, befriedigende eigene Lösungen zu erarbeiten, bei denen Sie eventuell materiell schlechter wegkommen als bei Lösungen vor Gericht?
9. Sind Sie bereit, eigene Bedürfnisse, Ängste und Wünsche auszusprechen? Wollen Sie die Bedürfnisse, Ängste und Wünsche Ihres Partners hören?
10. Sind Sie bereit, den Machtkampf über das Geld und den Machtkampf über die Kinder einzustellen und statt dessen neue Wege der Lösungsfindung zu gehen?
11. Bereiten Sie sich auf die Mediatonssitzungen möglichst gut vor. Stellen Sie alle aufkommenden Fragen schriftlich in einer Prioritätenliste zusammen.
12. Versuchen Sie, für Ihre Ansprüche Gründe zu finden und Interessen zu formulieren.
13. Überlegen Sie immer, inwieweit Ihr Partner Ihre Vorschläge und Forderungen annehmen kann.
14. Überlegen Sie sich zu jedem Verhandlungspunkt eine alternative Lösung, einen Kompromiß. Welche Zugeständnisse können Sie machen?
15. Sichern Sie Ihre Vereinbarungen immer wieder juristisch ab. Nicht alles, was man gern vereinbaren würde, wird der Scheidungsrichter akzeptieren.
16. Versuchen Sie, auf die Zukunft gerichtet zu verhandeln. Verletzungen aus der Vergangenheit sollten in der Mediation nicht behandelt werden.
17. Ihre Eigenverantwortlichkeit bezüglich der Inhalte erstreckt sich auch auf die Zeitgestaltung. Lassen Sie sich nie unter Druck setzen. Oft müssen mehrere Alternativen auf den Tisch gebracht werden, mehrere Tage müssen vergehen, und dann kann es erst zu einer ausgereiften Lösung kommen.

Anhang

Wichtige Paragraphen bei Trennungs- und Scheidungsangelegenheiten

Bürgerliches Gesetzbuch (BGB)

§ 1361 (Unterhalt bei Getrenntleben)
(1) Leben die Ehegatten getrennt, so kann ein Ehegatte von dem anderen den nach den Lebensverhältnissen und den Erwerbs- und Vermögensverhältnissen der Ehegatten angemessenen Unterhalt verlangen; …

§ 1361 a (Haushaltsverteilung bei Getrenntleben)
(1) Leben die Ehegatten getrennt, so kann jeder von ihnen die ihm gehörenden Haushaltsgegenstände von dem anderen Ehegatten herausverlangen. Er ist jedoch verpflichtet, sie dem anderen Ehegatten zum Gebrauch zu überlassen soweit dieser sie zur Führung eines abgesonderten Haushalts benötigt und die Überlassung nach den Umständen des Falles der Billigkeit entspricht.

§ 1363 (Zugewinngemeinschaft)
(1) Die Ehegatten leben im Güterstand der Zugewinngemeinschaft, wenn sie nicht durch Ehevertrag etwas anderes vereinbaren.

§ 1373 (Begriff des Zugewinns)
Zugewinn ist der Betrag, um den das Endvermögen eines Ehegatten das Anfangsvermögen übersteigt.

§ 1378 (Ausgleichsforderung)
(1) Übersteigt der Zugewinn des einen Ehegatten den Zugewinn des anderen, so steht die Hälfte des Überschusses dem anderen Ehegatten als Ausgleichsforderung zu. …

§ 1564 (Scheidung durch Urteil)
Eine Ehe kann nur durch gerichtliches Urteil auf Antrag eines oder beider Ehegatten geschieden werden. Die Ehe ist mit der Rechtskraft des Urteils aufgelöst. Die Voraussetzungen, unter denen die Scheidung begehrt werden kann, ergeben sich aus den folgenden Vorschriften.

§1565 (Zerrüttungsprinzip, Mindesttrennungsdauer)
(1) Eine Ehe kann geschieden werden, wenn sie gescheitert ist. Die Ehe ist gescheitert, wenn die Lebensgemeinschaft der Ehegatten nicht mehr besteht und nicht erwartet werden kann, daß die Ehegatten sie wiederherstellen.
(2) Leben die Ehegatten noch nicht ein Jahr getrennt, so kann die Ehe nur geschieden werden, wenn die Fortsetzung der Ehe für den Antragsteller aus Gründen, die in der Person des anderen Ehegatten liegen, eine unzumutbare Härte darstellen würden.

§ 1566 (Zerrüttungsvermutungen)
(1) Es wird unwiderlegbar vermutet, daß die Ehe gescheitert ist, wenn die Ehegatten seit einem Jahr getrennt leben und beide Ehegatten die Scheidung beantragen oder der Antragsgegner der Scheidung zustimmt.
(2) Es wird unwiderlegbar vermutet, daß die Ehe gescheitert ist, wenn die Ehegatten seit drei Jahren getrennt leben.

§ 1567 (Getrenntleben)
(1) Die Ehegatten leben getrennt, wenn zwischen ihnen keine häusliche Gemeinschaft besteht und ein Ehegatte sie erkennbar nicht herstellen will, weil er die eheliche Lebensgemeinschaft ablehnt. Die häusliche Gemeinschaft besteht auch dann nicht mehr, wenn die Ehegatten innerhalb der ehelichen Wohnung getrennt leben.
(2) Ein Zusammenleben über kürzere Zeit, das der Versöhnung der Ehegatten dienen soll, unterbricht oder hemmt die in § 1566 bestimmten Fristen nicht.

§ 1569 (Anspruch auf Unterhalt)
Kann ein Ehegatte nach der Scheidung nicht selbst für seinen Unterhalt sorgen, so hat er gegen den anderen Ehegatten einen Anspruch auf Unterhalt nach den folgenden Vorschriften.

§ 1570 (Unterhalt wegen Betreuung eines Kindes)
Ein geschiedener Ehegatte kann von dem anderen Unterhalt verlangen, solange und soweit von ihm wegen der Pflege oder Erziehung eines gemeinschaftlichen Kindes eine Erwerbstätigkeit nicht erwartet werden kann.

§ 1573 (Unterhalt bis zur Erlangung angemessener Erwerbstätigkeit)
(1) Soweit ein geschiedener Ehegatte keinen Unterhaltsanspruch nach den §§ 1570 bis 1572 hat, kann er gleichwohl Unterhalt verlangen, solange und soweit er nach der Scheidung keine angemessene Erwerbstätigkeit zu finden vermag.

§ 1574 (Angemessene Erwerbstätigkeit)
(1) Der geschiedene Ehegatte braucht nur eine ihm angemessene Erwerbstätigkeit auszuüben.
(2) Angemessen ist eine Erwerbstätigkeit, die der Ausbildung, den Fähigkeiten, dem Lebensalter und dem Gesundheitszustand des geschiedenen Ehegatten sowie den ehelichen Lebensverhältnissen entspricht; bei den ehelichen Lebensverhältnissen sind die Dauer der Ehe und die Dauer der Pflege oder Erziehung eines gemeinschaftlichen Kindes zu berücksichtigen.
(3) Soweit es zur Aufnahme einer angemessenen Erwerbstätigkeit erforderlich ist, obliegt es dem geschiedenen Ehegatten, sich ausbilden, fortbilden oder umschulen zu lassen, wenn ein erfolgreicher Abschluß der Ausbildung zu erwarten ist.

§ 1587 (Versorgungsausgleich)
(1) Zwischen den geschiedenen Ehegatten findet ein Versorgungsausgleich statt, soweit für sie oder einen von ihnen in der Ehezeit Anwartschaften oder Aussichten auf eine Versorgung wegen Alters oder Berufs- oder Erwerbsunfähigkeit der in § 1587 a Abs. 2 genannten Art begründet oder aufrechterhalten worden sind. Außer Betracht bleiben Anwartschaften oder Aussichten, die weder mit Hilfe des Vermögens noch durch Arbeit der Ehegatten begründet oder aufrechterhalten worden sind.

§ 1587a (Ausgleichspflichtiger Ehegatte; auszugleichende Versorgungsansprüche)
(1) Ausgleichspflichtig ist der Ehegatte mit den werthöheren Anwartschaften oder Aussichten auf eine auszugleichende Versorgung. Dem berechtigten Ehegatten steht als Ausgleich die Hälfte des Wertunterschiedes zu.

§ 1602 (Unterhaltsberechtigte)
(1) Unterhaltsberechtigt ist nur, wer außerstande ist, sich selbst zu unterhalten.
(2) Ein minderjähriges unverheiratetes Kind kann von seinen Eltern, auch wenn es Vermögen hat, die Gewährung des Unterhalts insoweit verlangen, als die Einkünfte seines Vermögens und der Ertrag seiner Arbeit zum Unterhalte nicht ausreichen.

§ 1603 (Voraussetzungen der Unterhaltsverpflichtungen/Leistungsfähigkeit)
(1) Unterhaltspflichtig ist nicht, wer bei Berücksichtigung seiner sonstigen Verpflichtungen außerstande ist, ohne Gefährdung seines angemessenen Unterhalts den Unterhalt zu gewähren.

§ 1634 (Recht zum persönlichen Umgang mit dem Kind; Auskunft)
(1) Ein Elternteil, dem die Personensorge nicht zusteht, behält die Befugnis zum persönlichen Umgang mit dem Kinde. Der Elternteil, dem die Personensorge nicht zusteht, und der Personensorgeberechtigte haben alles zu unterlassen, was das Verhältnis des Kindes zum anderen beeinträchtigt oder die Erziehung erschwert.
(2) Das Familiengericht kann über den Umfang der Befugnis entscheiden und ihre Ausübung, auch gegenüber Dritten, näher regeln; soweit es keine Bestimmung trifft, übt während der Dauer des Umgangs der nicht personenberechtigte Elternteil das Recht nach §1632 Abs. 2 aus. Das Familiengericht kann die Befugnis einschränken oder ausschließen, wenn dies zum Wohle des Kindes erforderlich ist.
(3) Ein Elternteil, dem die Personensorge nicht zusteht, kann bei berechtigtem Interesse vom Personensorgeberechtigten Auskunft über die persönlichen Verhältnisse des Kindes verlangen, soweit ihre Erteilung mit dem Wohle des Kindes vereinbar ist. Über Streitigkeiten, die das Recht auf Auskunft betreffen, entscheidet das Vormundschaftsgericht.

§ 1671 (Elterliche Sorge nach Scheidung der Eltern)
(1) Wird die Ehe der Eltern geschieden, so bestimmt das Familiengericht, welchem Elternteil die elterliche Sorge für ein gemeinschaftliches Kind zustehen soll.
(2) Das Gericht trifft die Regelung, die dem Wohle des Kindes am besten entspricht; hierbei sind die Bindungen des Kindes, insbesondere an seine Eltern und Geschwister, zu berücksichtigen.
(3) Von einem übereinstimmenden Vorschlag der Eltern soll das Gericht nur abweichen, wenn dies zum Wohle des Kindes erforderlich ist. Macht ein Kind, welches das vierzehnte Lebensjahr vollendet hat, einen abweichenden Vorschlag, so entscheidet das Gericht nach Absatz 2.

§ 1705 (Elterliche Sorge der Mutter für das nichteheliche Kind)
Das nichteheliche Kind steht, solange es minderjährig ist, unter der elterlichen Sorge der Mutter. Die Vorschriften über die elterliche Sorge für eheliche Kinder gelten im Verhältnis zwischen dem nichtehelichen Kinde und seiner Mutter entsprechend, soweit sich nicht aus den Vorschriften dieses Titels ein anderes ergibt.

§1711 (Persönlicher Umgang das Vaters mit dem Kinde; Auskunft)
(1) Derjenige, dem die Personensorge für das Kind zusteht, bestimmt den Umgang des Kindes mit dem Vater. §1634 Abs. 1 Satz 2 gilt entsprechend.

(2) Wenn ein persönlicher Umgang mit dem Vater dem Wohle des Kindes dient, kann das Vormundschaftsgericht entscheiden, daß dem Vater die Befugnis zum persönlichen Umgang zusteht. § 1634 Abs. 2 gilt entsprechend. Das Vormundschaftsgericht kann seine Entscheidung jederzeit ändern.
(3) Die Befugnis, Auskunft über die persönlichen Verhältnisse des Kindes zu verlangen, bestimmt § 1634 Abs. 3
(4) In geeigneten Fällen soll das Jugendamt zwischen dem Vater und dem Sorgeberechtigten vermitteln.

Zivilprozeßordnung (ZPO)

§ 630 (Einverständliche Scheidung)
(1) Für das Verfahren auf Scheidung nach § 1565 in Verbindung mit § 1566 Abs. 1 des BGB muß die Antragsschrift eines Ehegatten auch enthalten:
1. die Mitteilung, daß der andere Ehegatte der Scheidung zustimmen oder in gleicher Weise die Scheidung beantragen wird;
2. den übereinstimmenden Vorschlag der Ehegatten zur Regelung der elterlichen Sorge für ein gemeinschaftliches Kind über die Regelung des Umgangs des nicht sorgeberechtigten Elternteils mit dem Kinde;
3. die Einigung der Ehegatten über die Regelung der Unterhaltspflicht sowie die Rechtsverhältnisse an der Ehewohnung und am Hausrat.
(2) Die Zustimmung zur Scheidung kann bis zum Schluß der mündlichen Verhandlung, auf die das Urteil ergeht, widerrufen werden. Die Zustimmung und der Widerruf können zu Protokoll der Geschäftsstelle oder in der mündlichen Verhandlung zur Niederschrift des Gerichts erklärt werden.
(3) Das Gericht soll dem Scheidungsantrag erst stattgeben, wenn die Ehegatten über die in Absatz 1 Nr. 3 bezeichneten Gegenstände einen vollstreckbaren Schuldtitel herbeigeführt haben.

Gesetz über die Angelegenheiten der freiwilligen Gerichtsbarkeit (FGG)

§ 50 a (Persönliche Anhörung der Eltern in Sorgerechtsverfahren)
(1) Das Gericht hört in einem Verfahren, das die Personen- oder Vermögenssorge für ein Kind betrifft, die Eltern an. In Angelegenheiten der Personensorge soll das Gericht die Eltern in der Regel persönlich anhören. In den Fällen der §§ 1666 und 1666a des BGB sind die Eltern stets persönlich anzuhören, um mit ihnen zu klären, wie die Gefährdung des Kindeswohls abgewendet werden kann.

(2) Einen Elternteil, der nicht sorgeberechtigt ist, hört das Gericht an, es sei denn, daß von der Anhörung eine Aufklärung nicht erwartet werden kann.
(3) Das Gericht darf von der Anhörung nur aus schwierigen Gründen absehen. Unterbleibt die Anhörung allein wegen Gefahr im Verzuge, so ist sie unverzüglich nachzuholen.
(4) Die Absätze 2 und 3 gelten für die Eltern des Mündels entsprechend.

§ 50b (Persönliche Anhörung des Kindes oder Mündels in Sorgerechtsverfahren)
(1) Das Gericht hört in einem Verfahren, das die Personen oder Vermögenssorge betrifft, das Kind persönlich an, wenn die Neigungen, Bindungen oder der Wille des Kindes für die Entscheidung von Bedeutung sind oder wenn es zur Feststellung des Sachverhaltes angezeigt erscheint, daß sich das Gericht von dem Kind einen unmittelbaren Eindruck verschafft.
(2) Hat das Kind das vierzehnte Lebensjahr vollendet und ist es nicht geschäftsunfähig, so hört das Gericht in einem Verfahren, das die Personensorge betrifft, das Kind stets persönlich an. ...

Adressen, die weiterhelfen

Suchen Sie sich die für Sie sympathischsten Institutionen heraus und schreiben Sie einen kurzen Brief oder eine Postkarte mit der Bitte um Zusendung von Adressen von Ansprechpartnern für Scheidungsberatung und Mediation in Ihrer Region beziehungsweise Stadt.

Adressen bei Partnerschaftskonflikten

Arbeiterwohlfahrt Bundesverband e.V.
Oppelner Straße 130
53119 Bonn
Tel. 0228/6 68 50

Bundeskonferenz
für Erziehungsberatung e.V.
Amalienstraße 6
90763 Fürth
Tel. 0911/9 77 14-0

Deutsche Arbeitsgemeinschaft
für Jugend- und Eheberatung
Neumarkter Straße 84c
81673 München
Tel. 089/4 36 10 91

Deutscher Caritas-Verband
e.V.
Karlstraße 40
Postfach 420
79104 Freiburg
Tel. 0761/200-0

Deutscher Kinderschutzbund e.V.
Schiffgraben 29
30159 Hannover
Tel. 0511/21 59-0

Diakonisches Werk
der Evangelischen Kirche
in Deutschland
Stafflenbergstraße 76
70184 Stuttgart
Tel. 0711/21 59-0

Evangelische Konferenz
für Familien
und Lebensberatung
Kurfürstenstraße 49
12105 Berlin
Tel. 0 30/7 05 58 84

IAF – Verband binationaler
Familien und Partnerschaften
Kasseler Straße 1a
60486 Frankfurt/Main
Tel: 069/7 07 50-87/88/89

Katholische Bundesarbeitsgemeinschaft für Ehe-, Familien- und Lebensberatung e.V.
Kaiserstraße 163
53113 Bonn
Tel. 0228/10 31

Kath. Familienwerk
Österreich
Spiegelgasse 3
A-1010 Wien

Pro Familia Bundesverband
Stresemannallee 3
60596 Frankfurt
Tel. 069/63 90 02

Pro Familia Schweiz
Laupenstraße 45
CH-3001 Bern
Tel. 0041/31/25 90 30

Institutionen, bei denen Sie Näheres über Mediation erfahren

Zusammenwirken
im Familienkonflikt e.V.
Wilhelmsaue 133
10715 Berlin
Tel. 030/8 61 01 95

Arbeitskreis Ostwestfalen-Lippe
Ursula Mehlan
Graf-von-Galen-Straße 40
33619 Bielefeld
Tel. 02521/16 14 16

Arbeitskreis Mediation
Köln/Bonn
Institut für Konfliktberatung
und Mediation (IKOM)
Frau Heidrun Gerwens-Henke
Schloßstraße 47
53115 Bonn
Tel. 0228/22 21 16

Arbeitskreis
Partnerschaftskrise
Trennung und Scheidung e.V.
Eschenheimer Landstraße 531
60431 Frankfurt/Main
Tel. 069/51 95 73

Institut für Konfliktberatung
und Mediation (IKOM)
Dagmar Schramm
Auf der Körnerwiese 8
60322 Frankfurt/Main
Tel. 069/17 44 10

Bundesarbeitsgemeinschaft
für Familienmediation
(BAFM)
Ingolf Schulz
Rathausplatz 25
22926 Ahrensburg

Interdisziplinäre Beratung
bei Trennung und Scheidung
in Hamburg e.V. (IBITUS)
Postfach 203215
20222 Hamburg
Tel. 040/41 23 47 28

Arbeitskreis Mediation
Bergstraße/Odenwald
Eva Valentin
Ladenburger Straße 54
69120 Heidelberg
Tel. 06221/40 24 02

Heidelberger Institut
für Mediation
Prof. Dr. phil. Reiner Bastine
Mönchhofstraße 11
69120 Heidelberg

Hiatus e.V. Heidelberg
Klein & Amelang
Schützenhausstraße 38
69151 Neckargemünd
bei Heidelberg
Tel. 06221/54 73 49

Arbeitskreis Mediation
Claus R. Hesse
Frankfurter Straße 13
35037 Marburg
Tel. 06421/2 72 62

Akademie für Mediation
Monika Groner
Am Wiesbach 6
86933 Unterdießen

Eidos Projekt Mediation
Dr. Hans-Georg Mähler
Südliche Auffahrtsallee 29
80639 München
Tel. 089/1 78 20 69

Gary Fiedman,
Jack Himmelstein
Kontaktadresse:
Bianca Winograd
Eduard-Schmid-Straße 29
81541 München

Institut für Mediation
und Scheidungsberatung e.V.
(IMS)
Schulstraße 30
85586 Poing

Intakte Elternschaft trotz
Trennung / Ehescheidung
(IETE)
Germersheimer Straße 26
81541 München
Tel. 089/49 64 11

Mediationswerkstatt Münster
Heiner Krabbe
Von-Vincke-Straße 6
48143 Münster

Institut für soziale
und kulturelle Arbeit (ISKA)
Prof. Dr. Roland Proksch
Untere Krämergasse 3
90403 Nürnberg

Weitere Titel aus dem humboldt-Programm

Lebenshilfe & Psychologie

Besondere Themen	**ISBN 3-581-**
Depressionen	*66431-3*
Schluß mit dem Rauchen!	*66572-7*
Welche Farben stehen mir?	*66577-8*
Körpersprache verstehen	*66590-5*
Flirten – aber wie?	*66606-5*
Selbstsicher – Selbstbewußt	*66609-x*
Positiv denken und leben	*66622-7*
Selbstverteidigung für Frauen	*66634-0*
Linkshändig? Ein Ratgeber	*66669-3*
Optimist werden!	*66704-5*
Kennwort Liebe/Partnersuche per Inserat	*66714-2*
Alltagsängste aus eigener Kraft überwinden	*66742-8*
Witwe sein ist anders	*66743-6*
Die Sucht, mager zu sein	*66744-4*
Sympathie gewinnen	*66745-2*
Wenn die Seele trauert . . .	*66749-5*
In meinem Alter . . .	*66763-0*
Befreien Sie sich aus der Streßfalle	*66780-0*
Wie geht es weiter?/Diagnose Krebs	*66781-9*
Aromatherapie – Düfte für die Seele	*66792-4*
Zur Schwäche erzogen – zur Stärke geboren	*66795-9*
Problem-Management	*66977-3*
Werden Sie ein Genie!	*66988-9*
Focusing	*67062-3*
Denken, Wollen, Handeln/NLP	*67064-x*
Trennung auf Zeit – eine Chance für die Beziehung	*67065-8*
Rote Rosen & zerbrochene Herzen/ Konflikte in der Partnerschaft lösen	*67066-6*
Alkoholprobleme	*67089-5*
Konzentration & Gedächtnis	
Gedächtnis-Training	*66313-9*
Superlearning	*66491-7*
Gutes Gedächtnis	*66639-1*
Besser konzentrieren	*66672-3*
Besser lesen, verstehen, behalten!	*66673-1*
Super lernen	*66715-0*
Hören, Sehen, Behalten	*66756-8*
Verflixt, das darf ich nicht vergessen!	*66935-8*
Verflixt, das darf ich nicht vergessen! Band II (Trainingskurs mit Cassette)	*66960-9*
Das große Brain-Fitness-Buch	*66987-0*

Psychologie	**ISBN 3-581-**
Traumbuch	*66226-4*
Handschriften deuten	*66274-4*
Psychologie-Lexikon	*66927-7*
Psychotest Streßmanagement	*66958-7*
Psychotest Zeitmanagement	*66959-5*
Abenteuer Traum	*67063-1*

Eltern & Kind

Kinderspiele	*66047-4*
Taschenbuch der Vornamen	*66210-8*
Schwangerschaft und Geburt	*66392-9*
Vornamenbuch	*66505-0*
Gymnastik für Baby und Kleinkind	*66602-2*
Schöne Lieder für Kinder	*66610-3*
Ich werde Vater!	*66630-8*
Kinderspiele für unterwegs	*66631-6*
Gummimännchen und Schlangenkönigin/ Haltungsgymnastik für Kinder	*66741-x*
Zaubergarten und Lieblingswiese/Entspannung für Kinder	*66759-2*
Zaubergarten und Lieblingswiese (Buch/Cassette)	*66810-b*
Schwangerschaft bewußt erleben	*66760-6*
Spaß mit Klängen, Tönen und Geräuschen	*66782-7*
Spaß mit Klängen, Tönen und Geräuschen (Buch/Cassette)	*66811-4*
Allergien bei Kindern vorbeugen	*66790-8*
Sonnentau und Augentrost/Kinder heilen mit Homöopathie	*66791-6*
Hilfe, mein Kind hat schlechte Noten	*67067-4*
Rückbildungsgymnastik – der Weg zur guten Figur	*67068-2*
Kleines Monster – süßes Kind	*67077-1*
Mein Freund der Baum/Entspannungsgeschichten für Kinder	*67083-6*
Mein Freund der Baum (Buch/Cassette)	*68761-5*
Angst und Wut bei Kindern	*67088-7*
Ich wünsche mir ein Tier	*67090-9*
Kursbuch für Alleinerziehende	*67091-7*
Märchen für Scheidungskinder	*67092-5*

Gesundheit & Medizin

Allgemein

Sauna	*66406-2*
Homöopathie – Naturmedizin für jedermann	*66553-0*
Ratgeber Wechseljahre	*66589-1*
Naturkosmetik	*66648-8*
Atmen Sie richtig?	*66694-4*
Akupressur	*66700-2*
Empfängnisverhütung	*66708-8*
Fußreflexzonenmassage	*66711-8*
Erkrankungen im Alter	*66719-3*
Laborwerte im Klartext	*66789-4*
Das Immunsystem mental stärken	*67075-5*